I0831676

Todos los libros de Linkgua Ediciones cuentan con modelos de Inteligencia Artificial entrenados por hispanistas. Pregúntale al chat de tu libro lo que desees acerca de la obra o su autor/a.

Para ebooks: Accede a nuestro modelo de IA a través de este enlace.

Para libros impresos: Escanea el código QR de la portada con tu dispositivo móvil.

Obtén análisis detallados de nuestros libros, resúmenes, respuestas a tus preguntas y accede a nuestras ediciones críticas generativas para una experiencia de lectura más enriquecedora.
La transparencia y el respeto hacia la autoría de las fuentes utilizadas son distintivos básicos de nuestro proyecto. Por ello, las respuestas ofrecen, mediante un sistema de citas, las fuentes con las que han sido elaboradas.

Infante don Juan Manuel

El conde Lucanor

Edición de Juan Lorente Medina

Barcelona 2024
Linkgua-ediciones.com

Créditos

Título original: Libro de los ejemplos del conde Lucanor.

e-mail: info@linkgua.com

Diseño de cubierta: Michel Mallard.

ISBN rústica ilustrada: 978-84-9897-254-2
ISBN tapa dura: 978-84-9953-846-4.
ISBN ebook: 978-84-9897-209-2.

Sumario

Brevísima presentación

La vida

Juan Manuel (Escalona, Toledo, 1282-1348). España.

Era sobrino de Alfonso X el Sabio y nieto de Fernando III y pertenecía a la nobleza. Su padre era el Infante don Manuel.

Juan Manuel era muy rico y se dice que podía cabalgar durante todo un día sin alcanzar el límite de sus propiedades. Había heredado de su padre el título de Duque de Villena, donde pasaba temporadas dedicado a la caza reflejadas en su *Libro de la caza.*

Desde muy joven combatió con destreza y se destacó, junto al rey Sancho IV (su primo), en la Batalla contra los musulmanes del Salado.

En 1299 se casó con doña Isabel, infanta de Mallorca. Poco después ella murió y Juan Manuel se casó con doña Constanza de Aragón, hija del rey Jaime II. Algunos años más tarde, otra vez viudo, se casó con doña Blanca Núñez. Fue regente de Castilla durante la minoría de Alfonso XI (1321-1325), y combatió junto a éste contra los musulmanes en la batalla de Algeciras (1343). Su hija Constanza estuvo casada con Pedro de Portugal, episodio reflejado en *Reinar después de morir*, de Luis Vélez de Guevara (obra publicada por Linkgua).

Hacia 1345 abandonó la política y se dedicó a la literatura y la meditación religiosa, murió en 1348 en Córdoba. Muchos de sus escritos se han perdido, como el *Libro de los Cantares*, colección de poesías y *Reglas cómo se debe trovar*, el más antiguo tratado castellano de versificación.

Escribió asimismo el *Libro de los Estados*, varios textos históricos y el *Libro infinito*, llamado también de los castigos.

Se considera que los relatos de este libro provienen de fuentes tan diversas como las fábulas de Esopo, y ciertos cuentos tradicionales indúes, árabes y japoneses.

El cuento VII tiene grandes semejanzas con un episodio del Panchatantra, y el XI tiene sus raíces en una antigua historia japonesa.

El conde Lucanor

Prólogo

En el nombre de Dios: amén. Entre las muchas cosas extrañas y maravillosas que hizo Dios Nuestro Señor, hay una que llama más la atención, como lo es el hecho de que, existiendo tantas personas en el mundo, ninguna sea idéntica a otra en los rasgos de la cara, a pesar de que todos tengamos en ella los mismos elementos. Si las caras, que son tan pequeñas, muestran tantísima variedad, no será extraño que haya grandes diferencias en las voluntades e inclinaciones de los hombres. Por eso veréis que ningún hombre se parece a otro ni en la voluntad ni en sus inclinaciones, y así quiero poneros algunos ejemplos para que lo podáis entender mejor.

Todos los que aman y quieren servir a Dios, aunque desean lo mismo, cada uno lo sirve de una manera distinta, pues unos lo hacen de un modo y otros de otro modo. Igualmente, todos los que están al servicio de un señor le sirven, aunque de formas distintas. Del mismo modo ocurre con quienes se dedican a la agricultura, a la ganadería, a la caza o a otros oficios, que, aunque todos trabajan en lo mismo, cada uno tiene una idea distinta de su ocupación, y así actúan de forma muy diversa. Con este ejemplo, y con otros que no es necesario enumerar, bien podéis comprender que, aunque todos los hombres sean hombres, y por ello tienen inclinaciones y voluntad, se parezcan tan poco en la cara como se parecen en su intención y voluntad. Sin embargo, se parecen en que a todos les gusta aprender aquellas cosas que les resultan más agradables. Como cada persona aprende mejor lo que más le gusta, si alguien quiere enseñar a otro debe hacerlo poniendo los medios más agradables para enseñarle; por eso es fácil comprobar que a muchos hombres les resulta difícil comprender las ideas más profundas, pues no las entienden ni sienten placer con la lectura de los libros que las exponen, ni tampoco pueden penetrar su sentido. Al no entenderlas, no sienten placer con ciertos libros que podrían enseñarles lo que más les conviene.

Por eso yo, don Juan, hijo del infante don Manuel, adelantado mayor del Reino de Murcia, escribí este libro con las más bellas palabras que encontré, entre las cuales puse algunos cuentecillos con que enseñar a quienes los oyeren. Hice así, al modo de los médicos que, cuando quieren preparar una medicina para el hígado, como al hígado agrada lo dulce, ponen en la medicina un poco de azúcar o miel, u otra cosa que resulte dulce, pues por el gusto que siente el hígado a lo dulce, lo atrae para sí, y con ello a la medicina que tanto le beneficiará. Lo mismo hacen con cualquier miembro u órgano que necesite una medicina, que siempre la mezclan con alguna cosa que resulte agradable a aquel órgano, para que se aproveche bien de ella. Siguiendo este ejemplo, haré este libro, que resultará útil para quienes lo lean, si por su voluntad encuentran agradables las enseñanzas que en él se contienen; pero incluso los que no lo entiendan bien, no podrán evitar que sus historias y agradable estilo los lleven a leer las enseñanzas que tiene entremezclados, por lo que, aunque no lo deseen, sacarán provecho de ellas, al igual que el hígado y los demás órganos se benefician y mejoran con las medicinas en las que se ponen agradables sustancias. Dios, que es perfecto y fuente de toda perfección, quiera, por su bondad y misericordia, que todos los que lean este libro saquen el provecho debido de su lectura, para mayor gloria de Dios, salvación de su alma y provecho para su cuerpo, como Él sabe muy bien que yo, don Juan, pretendo. Quienes encuentren en el libro alguna incorrección, que no la imputen a mi voluntad, sino a mi falta de entendimiento; sin embargo, cuando encuentren algún ejemplo provechoso y bien escrito, deberán agradecerlo a Dios, pues Él es por quien todo lo perfecto y hermoso se dice y se hace.

Terminado ya el prólogo, comenzaré la materia del libro, imaginando las conversaciones entre un gran señor, el conde Lucanor y su consejero, llamado Patronio.

Ejemplo I. Lo que sucedió a un rey y a un ministro suyo

Una vez estaba hablando apartadamente el conde Lucanor con Patronio, su consejero, y le dijo:

—Patronio, un hombre ilustre, poderoso y rico, no hace mucho me dijo de modo confidencial que, como ha tenido algunos problemas en sus tierras, le gustaría abandonarlas para no regresar jamás, y, como me profesa gran cariño y confianza, me querría dejar todas sus posesiones, unas vendidas y otras a mi cuidado. Este deseo me parece honroso y útil para mí, pero antes quisiera saber qué me aconsejáis en este asunto.

—Señor conde Lucanor —dijo Patronio—, bien sé que mi consejo no os hace mucha falta, pero, como confiáis en mí, debo deciros que ese que se llama vuestro amigo lo ha dicho todo para probaros y me parece que os ha sucedido con él como le ocurrió a un rey con un ministro.

El conde Lucanor le pidió que le contara lo ocurrido.

—Señor —dijo Patronio—, había un rey que tenía un ministro en quien confiaba mucho. Como a los hombres afortunados la gente siempre los envidia, así ocurrió con él, pues los demás privados, recelosos de su influencia sobre el rey, buscaron la forma de hacerle caer en desgracia con su señor. Lo acusaron repetidas veces ante el rey, aunque no consiguieron que el monarca le retirara su confianza, dudara de su lealtad o prescindiera de sus servicios. Cuando vieron la inutilidad de sus acusaciones, dijeron al rey que aquel ministro maquinaba su muerte para que su hijo menor subiera al trono y, cuando él tuviera la tutela del infante, se haría con todo el poder proclamándose señor de aquellos reinos. Aunque hasta entonces no habían conseguido levantar sospecha en el ánimo del rey, ante estas murmuraciones el monarca empezó a recelar de él; pues en los asuntos más importantes no es juicioso esperar que se cumplan, sino prevenirlos cuando aún tienen remedio. Por ello, desde que el rey concibió dudas de su privado, andaba receloso, aunque no quiso hacer nada contra él hasta estar seguro de la verdad.

Quienes urdían la caída del privado real aconsejaron al monarca el modo de probar sus intenciones y demostrar así que era cierto cuanto se decía de él. Para ello expusieron al rey un medio muy ingenioso que os contaré en seguida. El rey resolvió hacerlo y lo puso en práctica, siguiendo los consejos de los demás ministros.

Pasados unos días, mientras conversaba con su privado, le dijo entre otras cosas que estaba cansado de la vida de este mundo, pues le parecía que todo era vanidad. En aquella ocasión no le dijo nada más. A los pocos días de esto, hablando otra vez con aquel ministro, volvió el rey sobre el mismo tema, insistiendo en la vaciedad de la vida que llevaba y de cuanto boato rodeaba su existencia. Esto se lo dijo tantas veces y de tantas maneras que el ministro creyó que el rey estaba desengañado de las vanidades del mundo y que no le satisfacían ni las riquezas ni los placeres en que vivía. El rey, cuando vio que a su privado le había convencido, le dijo un día que estaba decidido a alejarse de las glorias del mundo y quería marcharse a un lugar recóndito donde nadie lo conociera para hacer allí penitencia por sus pecados. Recordó al ministro que de esta forma pensaba lograr el perdón de Dios y ganar la gloria del Paraíso.

Cuando el privado oyó decir esto a su rey, pretendió disuadirlo con numerosos argumentos para que no lo hiciera. Por ello, le dijo al monarca que, si se retiraba al desierto, ofendería a Dios, pues abandonaría a cuantos vasallos y gentes vivían en su reino, hasta ahora gobernados en paz y en justicia, y que, al ausentarse él, habría desórdenes y guerras civiles, en las que Dios sería ofendido y la tierra destruida. También le dijo que, aunque no dejara de cumplir su deseo por esto, debía seguir en el trono por su mujer y por su hijo, muy pequeño, que correrían mucho peligro tanto en sus bienes como en sus propias vidas.

A esto respondió el rey que, antes de partir, ya había dispuesto la forma en que el reino quedase bien gobernado y su esposa, la reina, y su hijo, el infante, a salvo de cualquier peligro. Todo se haría de esta manera: puesto que a él lo había criado en palacio y lo había colmado de honores, estando siempre satisfecho de su lealtad y de sus servicios, por lo que confiaba en él más que en ninguno de sus privados y consejeros, le encomendaría la protección de la reina y del infante y le entregaría todos los fuertes y bastiones del reino, para que nadie pudiera levantarse contra el heredero. De esta manera, si volvía al cabo de un tiempo, el rey estaba seguro de encontrar en paz y en orden cuanto le iba a entregar. Sin embargo, si muriera, también sabía que serviría muy bien a la reina, su esposa, y que educaría en la justicia al príncipe, a la vez que mantendría en paz el reino hasta que su hijo tuviera la edad de ser proclamado rey. Por todo esto, dijo al ministro, el reino quedaría en paz y él podría hacer vida retirada.

Al oír el privado que el rey le quería encomendar su reino y entregarle la tutela del infante, se puso muy contento, aunque no dio muestras de ello, pues pensó que ahora tendría en sus manos todo el poder, por lo que podría obrar como quisiere.

Este ministro tenía en su casa, como cautivo, a un hombre muy sabio y gran filósofo, a quien consultaba cuantos asuntos había de resolver en la corte y cuyos consejos siempre seguía, pues eran muy profundos.

Cuando el privado se partió del rey, se dirigió a su casa y le contó al sabio cautivo cuanto el monarca le había dicho, entre manifestaciones de alegría y contento por su buena suerte ya que el rey le iba a entregar todo el reino, todo el poder y la tutela del infante heredero.

Al escuchar el filósofo que estaba cautivo el relato de su señor, comprendió que este había cometido un grave error, pues sin duda el rey había descubierto que el ministro ambicionaba el poder sobre el reino y sobre el príncipe. Entonces comenzó a reprender severamente a su señor diciéndole que su vida y hacienda corrían grave peligro, pues cuanto el rey le había dicho no era sino para probar las acusaciones que algunos habían levantado contra él y no por que pensara hacer vida retirada y de penitencia. En definitiva, su rey había querido probar su lealtad y, si viera que se alegraba de alzarse con todo el poder, su vida correría gravísimos riesgos.

Cuando el privado del rey escuchó las razones de su cautivo, sintió gran pesar, porque comprendió que todo había sido preparado como este decía. El sabio, que lo vio tan acongojado, le aconsejó un medio para evitar el peligro que lo amenazaba.

Siguiendo sus consejos, el privado, aquella misma noche, se hizo rapar la cabeza y cortar la barba, se vistió con una túnica muy tosca y casi hecha jirones, como las que llevan los mendigos que piden en las romerías, cogió un bordón y se calzó unos zapatos rotos aunque bien clavados, y cosió en los pliegues de sus andrajos una gran cantidad de doblas de oro. Antes del amanecer encaminó sus pasos a palacio y pidió al guardia de la puerta que dijese al rey que se levantase, para que ambos pudieran abandonar el reino antes de que la gente despertara, pues él ya lo estaba esperando; le pidió también que todo se lo dijera sin ser oído por nadie. El guardia, cuando así vio al privado del rey, quedó muy asombrado, pero fue a la cámara real y dio el mensaje al rey, que también se asombró mucho e hizo pasar a su privado.

El rey, al ver con aquellos harapos a su ministro, le preguntó por qué iba vestido así. Contestó el privado que, puesto que el rey le había expresado su intención de irse al desierto y como seguía dispuesto a hacerlo, él, que era su privado, no quería olvidar cuantos favores le debía, sino que, al igual que había compartido los honores y los bienes de su rey, así, ahora que él marchaba a otras tierras para llevar vida de penitencia, querría él seguirlo para compartirla con su señor. Añadió el ministro que, si al rey no le dolían ni su mujer, ni su hijo, ni su reino, ni cuantos bienes dejaba, no había motivo para que él sintiese mayor apego, por lo cual partiría con él y le serviría siempre, sin que nadie lo notara. Finalmente le dijo que llevaba tanto dinero cosido a su ropa que nunca habría de faltarles nada en toda su vida y que, pues habían de partir, sería mejor hacerlo antes de que pudiesen ser reconocidos.

Cuando el rey oyó decir esto a su privado, pensó que actuaba así por su lealtad y se lo agradeció mucho, contándole cómo lo envidiaban los otros privados, que estuvieron a punto de engañarlo, y cómo él se decidió aprobar su fidelidad. Así fue como el ministro estuvo a punto de ser engañado por su ambición, pero Dios quiso protegerlo por medio del consejo que le dio aquel sabio cautivo en su casa.

Vos, señor conde, es preciso que evitéis caer en el engaño de quien se dice amigo vuestro, pero ciertamente lo que os propuso solo es para probaros y no porque piense hacerlo. Por eso os convendrá hablar con él, para que le demostréis que solo buscáis su honra y provecho, sin sentir ambición ni deseo de sus bienes, pues la amistad no puede durar mucho cuando se ambicionan las riquezas de un amigo.

El conde vio que Patronio le había aconsejado muy bien, obró según sus recomendaciones y le fue muy provechoso hacerlo así.

Y, viendo don Juan que este cuento era bueno, lo mandó escribir en este libro e hizo estos versos que condensan toda su moraleja:

> No penséis ni creáis que por un amigo
> hacen algo los hombres que les sea un peligro.

También hizo otros que dicen así:

> Con la ayuda de Dios y con buen consejo,
> sale el hombre de angustias y cumple su deseo.

Ejemplo II. Lo que sucedió a un hombre bueno con su hijo

Otra vez, hablando el conde Lucanor con Patronio, su consejero, le dijo que estaba muy preocupado por algo que quería hacer, pues, si acaso lo hiciera, muchas personas encontrarían motivo para criticárselo; pero, si dejara de hacerlo, creía él mismo que también se lo podrían censurar con razón. Contó a Patronio de qué se trataba y le rogó que le aconsejase en este asunto.

—Señor conde Lucanor —dijo Patronio—, ciertamente sé que encontraréis a muchos que podrían aconsejaros mejor que yo y, como Dios os hizo de buen entendimiento, mi consejo no os hará mucha falta; pero, como me lo habéis pedido, os diré lo que pienso de este asunto. Señor conde Lucanor —continuó Patronio—, me gustaría mucho que pensarais en la historia de lo que ocurrió a un hombre bueno con su hijo.

El conde le pidió que le contase lo que les había pasado, y así dijo Patronio:

—Señor, sucedió que un buen hombre tenía un hijo que, aunque de pocos años, era de muy fino entendimiento. Cada vez que el padre quería hacer alguna cosa, el hijo le señalaba todos sus inconvenientes y, como hay pocas cosas que no los tengan, de esta manera le impedía llevar acabo algunos proyectos que eran buenos para su hacienda. Vos, señor conde, habéis de saber que, cuanto más agudo entendimiento tienen los jóvenes, más inclinados están a confundirse en sus negocios, pues saben cómo comenzarlos, pero no saben cómo los han de terminar, y así se equivocan con gran daño para ellos, si no hay quien los guíe. Pues bien, aquel mozo, por la sutileza de entendimiento y, al mismo tiempo, por su poca experiencia, abrumaba a su padre en muchas cosas de las que hacía. Y cuando el padre hubo soportado largo tiempo este género de vida con su hijo, que le molestaba constantemente con sus observaciones, acordó actuar como os contaré para evitar más perjuicios a su hacienda, por las cosas que no podía hacer y, sobre todo, para aconsejar y mostrar a su hijo cómo debía obrar en futuras empresas.

Este buen hombre y su hijo eran labradores y vivían cerca de una villa. Un día de mercado dijo el padre que irían los dos allí para comprar algunas cosas que necesitaban, y acordaron llevar una bestia para traer la carga. Y camino del mercado, yendo los dos a pie y la bestia sin carga alguna, se encontraron con unos hombres que ya volvían. Cuando, después de los saludos habituales, se separaron unos de otros, los que volvían empezaron a decir entre ellos que no les parecían muy juiciosos ni el padre ni el hijo, pues los dos caminaban a pie mientras la bestia iba sin peso alguno. El buen hombre, al oírlo, preguntó a su hijo qué le parecía lo que habían dicho aquellos hombres, contestándole el hijo que era verdad, porque, al ir el animal sin carga, no era muy sensato que ellos dos fueran a pie. Entonces el padre mandó a su hijo que subiese en la cabalgadura.

Así continuaron su camino hasta que se encontraron con otros hombres, los cuales, cuando se hubieron alejado un poco, empezaron a comentar la equivocación del padre, que, siendo anciano y viejo, iba a pie, mientras el mozo, que podría caminar sin fatigarse, iba a lomos del animal. De nuevo preguntó el buen hombre a su hijo qué pensaba sobre lo que habían dicho, y este le contestó que parecían tener razón. Entonces el padre mandó a su hijo bajar de la bestia y se acomodó él sobre el animal.

Al poco rato se encontraron con otros que criticaron la dureza del padre, pues él, que estaba acostumbrado a los más duros trabajos, iba cabalgando, mientras que el joven, que aún no estaba acostumbrado a las fatigas, iba a pie. Entonces preguntó aquel buen hombre a su hijo qué le parecía lo que decían estos otros, replicándole el hijo que, en su opinión, decían la verdad. Inmediatamente el padre mandó a su hijo subir con él en la cabalgadura para que ninguno caminase a pie.

Y yendo así los dos, se encontraron con otros hombres, que comenzaron a decir que la bestia que montaban era tan flaca y tan débil que apenas podía soportar su peso, y que estaba muy mal que los dos fueran montados en ella. El buen hombre preguntó otra vez a su hijo qué le parecía lo que habían dicho aquellos, contestándole el joven que, a su juicio, decían la verdad. Entonces el padre se dirigió al hijo con estas palabras:

—Hijo mío, como recordarás, cuando salimos de nuestra casa, íbamos los dos a pie y la bestia sin carga, y tú decías que te parecía bien hacer así el camino. Pero después nos encontramos con unos hombres que nos dijeron que aquello no tenía sentido, y te mandé subir al animal, mientras que yo iba a pie. Y tú dijiste que eso sí estaba bien. Después encontramos otro grupo de personas, que dijeron que esto último no estaba bien, y por ello te mandé bajar y yo subí, y tú también pensaste que esto era lo mejor. Como nos encontramos con otros que dijeron que aquello estaba mal, yo te mandé subir conmigo en la bestia, y a ti te pareció que era mejor ir los dos montados. Pero ahora estos últimos dicen que no está bien que los dos vayamos montados en esta única bestia, y a ti también te parece verdad lo que dicen. Y como todo ha sucedido así, quiero que me digas cómo podemos hacerlo para no ser criticados de las gentes: pues íbamos los dos a pie, y nos criticaron; luego también nos criticaron, cuando tú ibas a caballo y yo a pie; volvieron a censurarnos por ir yo a caballo y tú a pie, y ahora que vamos los dos montados también nos lo critican. He hecho todo esto para enseñarte cómo llevar en adelante tus asuntos, pues alguna de aquellas monturas teníamos que hacer y, habiendo hecho todas, siempre nos han criticado. Por eso debes estar seguro de que nunca harás algo que todos aprueben, pues si haces alguna cosa buena, los malos y quienes no saquen provecho de ella te criticarán; por el contrario, si es mala, los buenos, que aman el bien, no podrán aprobar ni dar por buena esa mala acción. Por eso, si quieres hacer lo mejor y más conveniente, haz lo que creas que más te beneficia y no dejes de hacerlo por temor al qué dirán, a menos que sea algo malo, pues es cierto que la mayoría de las veces la gente habla de las cosas a su antojo, sin pararse a pensar en lo más conveniente.

Y a vos, Conde Lucanor, pues me pedís consejo para eso que deseáis hacer, temiendo que os critiquen por ello y que igualmente os critiquen si no lo hacéis, yo os recomiendo que, antes de comenzarlo, miréis el daño o provecho que os puede causar, que no os confiéis solo a vuestro juicio y que no os dejéis engañar por la fuerza de vuestro deseo, sino que os dejéis aconsejar por quienes sean inteligentes, leales y capaces de guardar un secreto. Pero, si no encontráis tal consejero, no debéis precipitaros nunca en lo que hayáis de hacer y dejad que pasen al menos un día y una noche, si son cosas que pueden posponerse. Si seguís estas recomendaciones en todos vuestros asuntos y después los encontráis útiles y provechosos para vos, os aconsejo que nunca dejéis de hacerlos por miedo a las críticas de la gente.

El consejo de Patronio le pareció bueno al conde, que obró según él y le fue muy provechoso.

Y, cuando don Juan escuchó esta historia, la mandó poner en este libro e hizo estos versos que dicen así y que encierran toda la moraleja:

> Por críticas de gentes, mientras que no hagáis mal,
> buscad vuestro provecho y no os dejéis llevar.

Ejemplo III. Lo que sucedió al rey Ricardo de Inglaterra cuando saltó al mar para luchar contra los moros

Un día se retiró el conde Lucanor con Patronio, su consejero, y le dijo así:

—Patronio, yo confío mucho en vuestro buen juicio y sé que, en lo que vos no sepáis o no podáis aconsejarme, no habrá nadie en el mundo que pueda hacerlo; por eso os ruego que me aconsejéis como mejor sepáis en los que ahora os diré. Bien sabéis que yo ya no soy muy joven y que, desde que nací hasta ahora, me crié y viví siempre envuelto en guerras, unas veces contra moros, otras con los cristianos y las más fueron contra los reyes, mis señores, o contra mis vecinos. En mis luchas con mis hermanos cristianos, aunque yo intenté que nunca se iniciara la guerra por mi culpa, fue inevitable que muchos inocentes recibieran gran daño. Apesadumbrado por esto y por otros pecados que he cometido contra Dios Nuestro Señor, y también porque veo que nada ni nadie en este mundo puede asegurarme que hoy mismo no haya de morir; seguro de que por mi edad no viviré mucho más y sabiendo que deberé comparecer ante Dios, que es juez que no se deja engañar por las palabras sino que juzga a cada uno por sus buenas o malas obras; y en la certeza de que, si Dios halla en mí pecados por los que deba sufrir castigo eterno, no podrá evitar los males y dolores del Infierno, donde ningún bien de este mundo podrá aliviar mis penas y donde sufriré eternamente; sabiendo en cambio que, si Dios se mostrase clemente y me señalara como uno de los suyos en el Paraíso, no habría placer o dicha en este mundo que pudiera igualársele. Y como Cielo o Infierno no se merecen sino por las obras, os pido que, de acuerdo con mi estado y dignidad, me aconsejéis la mejor manera de hacer penitencia por mis culpas y conseguir la gracia ante Dios.

—Señor conde Lucanor —dijo Patronio—, mucho me agradan vuestras razones, y sobre todo porque me habéis dicho que os aconseje según vuestro estado, porque si me lo hubierais pedido de otra forma pensaría que lo hacíais por probarme, como sucedió en la historia que os conté otro día de aquel rey con su privado. Y me agrada mucho que queráis hacer penitencia de vuestras faltas, según vuestro estado y dignidad, pues tened por cierto que si vos, señor conde Lucanor, quisierais dejar vuestro estado y entrar en religión o hacer vida retirada, no podríais evitar que os sucediera una de estas dos cosas: la primera, que seríais muy mal juzgado por las gentes, pues todos dirían que lo hacíais por pobreza de espíritu y porque no os gustaba vivir entre los buenos; la segunda, que os sería muy difícil sufrir las asperezas y sacrificios de la vida conventual, y si después tuvieseis que abandonarla o vivirla sin guardar la regla como se debe, os causaría gran daño para el alma y mucha vergüenza y pérdida de vuestra buena fama. Como tenéis muy buenos propósitos, me gustaría contaros lo que Dios reveló a un ermitaño de santa vida sobre lo que habría de sucederle a él mismo y al rey Ricardo de Inglaterra.

El conde le rogó que le dijese lo ocurrido.

—Señor conde Lucanor —dijo Patronio—, un ermitaño llevaba muy santa vida, hacía mucho bien y muchas penitencias para lograr la gracia de Dios. Y por ello, Nuestro Señor fue con él misericordioso y le prometió que entraría en el reino de los cielos. El ermitaño agradeció mucho esta revelación divina y, como estaba ya seguro de salvarse, rogó a Dios que le indicara quién sería su compañero en el Paraíso. Y aunque Nuestro Señor le dijo por medio de un ángel que no preguntara tal cosa, tanto insistió el ermitaño que Dios

Nuestro Señor accedió a darle una respuesta y, así, le hizo saber por un ángel que el rey de Inglaterra y él estarían juntos en el Paraíso.

Tal respuesta no agradó mucho al ermitaño, pues conocía muy bien al rey y sabía que siempre andaba en guerras y que había matado, robado y desheredado a muchos, y había llevado una vida muy opuesta a la suya, que le parecía muy alejada del camino de la salvación. Por todo esto estaba el ermitaño muy disgustado.

Cuando Dios Nuestro Señor lo vio así, le mandó decir con el ángel que no se quejara ni se sorprendiera de lo que le había dicho, y que debía estar seguro de que más honra y más galardón merecía ante Dios el rey Ricardo con un solo salto que él con todas sus buenas obras. El ermitaño se quedó muy sorprendido y le preguntó al ángel cómo podía ser así.

El ángel le contó que los reyes de Francia, Inglaterra y Navarra habían pasado a Tierra Santa. Y cuando llegaron al puerto, estando todos armados para emprender la conquista, vieron en las riberas tal cantidad de moros que dudaron de poder desembarcar. Entonces el rey de Francia pidió al rey de Inglaterra que viniese a su nave para decidir los dos lo que habrían de hacer. El rey de Inglaterra, que estaba a caballo, cuando esto oyó al mensajero, le contestó que dijese a su rey que como, por desgracia, él había agraviado y ofendido a Dios muchas veces y siempre le había pedido ocasión para desagraviarle y pedirle perdón, veía que, gracias a Dios, había llegado el día que tanto esperaba, pues si allí muriese, como había hecho penitencia antes de abandonar su tierra y estaba muy arrepentido, era seguro que Dios tendría misericordia de su alma, y si los moros fuesen vencidos sería para honra de Dios y ellos, como cristianos, podrían sentirse muy dichosos.

Cuando hubo dicho esto, encomendó su cuerpo y su alma a Dios, pidió que le ayudase y, haciendo la señal de la cruz, mandó a sus soldados que le siguieran. Luego picó con las espuelas a su caballo y saltó al mar, hacia la orilla donde estaban los moros. Aunque muy cerca del puerto, el mar era bastante profundo, por lo que el rey y su caballo quedaron cubiertos por las aguas y no parecían tener salvación; pero Dios, como es omnipotente y muy piadoso, acordándose de lo que dicen los evangelios (que Él no busca la muerte del pecador sino que se arrepienta y viva), ayudó en aquel peligro al rey de Inglaterra, evitó su muerte carnal, le otorgó la vida eterna y le salvó de morir ahogado. El rey, después, se lanzó contra los moros.

Cuando los ingleses vieron a su rey entrar en combate, saltaron todos al mar para ayudarle y se lanzaron contra los enemigos. Al ver esto los franceses, pensaron que sería una afrenta para ellos no entrar en combate y, como no son gente que soporte los agravios, saltaron todos al mar y lucharon contra los moros. Cuando estos les vieron iniciar su ataque, sin miedo a morir y con ánimo tan gallardo, rehusaron enfrentarse a ellos, abandonando el puerto y huyendo en desbandada. Al llegar a tierra, los cristianos mataron a cuantos pudieron alcanzar y consiguieron la victoria, prestando gran servicio a la causa del Señor. Tan gran victoria se inició con el salto que dio en el mar el rey de Inglaterra.

Al oír esto el ermitaño, quedó muy contento y comprendió que Dios le concedía un gran honor al ponerle como compañero en el Paraíso a un hombre que le había servido de esta manera y que había ensalzado la fe católica.

Y vos, señor conde Lucanor, si queréis servir a Dios y hacer penitencia de vuestras culpas, reparad el daño que hayáis podido hacer, antes de partir de vuestra tierra. Haced penitencia por vuestros pecados y no hagáis caso a las galas del mundo, que es todo vanidad, ni creáis a quienes os digan que debéis preocuparos por vuestra honra, pues así llaman a mantener muchos criados, sin mirar si tienen para alimentarlos y sin pensar cómo acabaron o cuántos quedaron de quienes solo se preocupaban por este tipo de vanagloria. Vos, señor conde Lucanor, porque queréis servir a Dios y hacer penitencia de vuestras culpas, no sigáis ese camino vacío y lleno de vanidades. Mas, pues Dios os entregó tierras donde podáis servirle luchando contra los moros, por mar y por tierra, haced cuanto podáis para asegurar lo que tenéis. Y dejando en paz vuestros señoríos y habiendo pedido perdón por vuestras culpas, para hacer cumplida penitencia y para que todos bendigan vuestras buenas obras, podréis abandonar todo lo demás, estando siempre al servicio de Dios y terminar así vuestra vida.

Esta es, en mi opinión, la mejor manera de salvar vuestra alma, de acuerdo con vuestro estado y dignidad. Y también debéis creer que por servir a Dios de este modo no moriréis antes, ni viviréis más si os quedáis en vuestras tierras. Y si murierais sirviendo a Dios, viviendo como os he dicho, seréis contado entre los mártires y bienaventurados; pues, aunque no muráis en combate, la buena voluntad y las buenas obras os harán mártir, y los que os quieran criticar no podrán hacerlo pues todos verán que no abandonáis la caballería, sino que deseáis ser caballero de Dios y dejáis de ser caballero del Diablo y de las vanidades del mundo, que son perecederas.

Ya, señor conde, os he aconsejado, como me pedisteis, para que podáis salvar vuestra alma, permaneciendo en vuestro estado. Y así imitaréis al rey Ricardo de Inglaterra cuando saltó al mar para comenzar tan gloriosa acción.

Al conde le gustó mucho el consejo que le dio Patronio y le pidió a Dios que le ayudara para ponerlo en práctica, como su consejero le decía y él deseaba.

Y viendo don Juan que este era un cuento ejemplar, lo mandó poner en este libro y compuso estos versos que lo resumen. Los versos dicen así:

> Quien se sienta caballero
> debe imitar este salto,
> no encerrado en monasterio
> tras de los muros más altos.

Ejemplo IV. Lo que, al morirse, dijo un genovés a su alma

Un día hablaba el conde Lucanor con su consejero Patronio y le contaba lo siguiente:

—Patronio, gracias a Dios yo tengo mis tierras bien cultivadas y pacificadas, así como todo lo que preciso según mi estado y, por suerte, quizás más, según dicen mis iguales y vecinos, algunos de los cuales me aconsejan que inicie una empresa de cierto riesgo. Pero aunque yo siento grandes deseos de hacerlo, por la confianza que tengo en vos no la he querido comenzar hasta hablaros, para que me aconsejéis lo que deba hacer en este asunto.

—Señor conde Lucanor —dijo Patronio—, para que hagáis lo más conveniente, me gustaría mucho contaros lo que le sucedió a un genovés.

El conde le pidió que así lo hiciera.

Patronio comenzó:

—Señor conde Lucanor, había un genovés muy rico y muy afortunado, en opinión de sus vecinos. Este genovés enfermó gravemente y, notando que se moría, reunió a parientes y amigos y, cuando estos llegaron, mandó llamar a su mujer y a sus hijos; se sentó en una sala muy hermosa desde donde se veía el mar y la costa; hizo traer sus joyas y riquezas y, cuando las tuvo cerca, comenzó a hablar en broma con su alma:

—Alma, bien veo que quieres abandonarme y no sé por qué, pues si buscas mujer e hijos, aquí tienes unos tan maravillosos que podrás sentirte satisfecha; si buscas parientes y amigos, también aquí tienes muchos y muy distinguidos; si buscas plata, oro, piedras preciosas, joyas, tapices, mercancías para traficar, aquí tienes tal cantidad que nunca ambicionarás más; si quieres naves y galeras que te produzcan riqueza y aumenten tu honra, ahí están, en el puerto que se ve desde esta sala; si buscas tierras y huertas fértiles, que también sean frescas y deleitosas, están bajo estas ventanas; si quieres caballos y mulas, y aves y perros para la caza y para tu diversión, y hasta juglares para que te acompañen y distraigan; si buscas casa suntuosa, bien equipada con camas y estrados y cuantas cosas son necesarias, de todo esto no te falta nada. Y pues no te das por satisfecha con tantos bienes ni quieres gozar de ellos, es evidente que no los deseas. Si prefieres ir en busca de lo desconocido, vete con la ira de Dios, que será muy necio quien se aflija por el mal que te venga.

Y vos, señor conde Lucanor, pues gracias a Dios estáis en paz, con bien y con honra, pienso que no será de buen juicio arriesgar todo lo que ahora poseéis para iniciar la empresa que os aconsejan, pues quizás esos consejeros os lo dicen porque saben que, una vez metido en ese asunto, por fuerza habréis de hacer lo que ellos quieran y seguir su voluntad, mientras que ahora que estáis en paz, siguen ellos la vuestra. Y quizás piensan que de este modo podrán medrar ellos, lo que no conseguirían mientras vos viváis en paz, y os sucedería lo que al genovés con su alma; por eso prefiero aconsejaros que, mientras podáis vivir con tranquilidad y sosiego, sin que os falte nada, no os metáis en una empresa donde tengáis que arriesgarlo todo.

Al conde le agradó mucho este consejo que le dio Patronio, obró según él y obtuvo muy buenos resultados.

Y cuando don Juan oyó este cuento, lo consideró bueno, pero no quiso hacer otra vez versos, sino que lo terminó con este refrán muy extendido entre las viejas de Castilla:

El que esté bien sentado, no se levante.

Ejemplo V. Lo que sucedió a una zorra con un cuervo que tenía un pedazo de queso en el pico

Hablando otro día el conde Lucanor con Patronio, su consejero, le dijo:

—Patronio, un hombre que se llama mi amigo comenzó a alabarme y me dio a entender que yo tenía mucho poder y muy buenas cualidades. Después de tantos halagos me propuso un negocio, que a primera vista me pareció muy provechoso.

Entonces el conde contó a Patronio el trato que su amigo le proponía y, aunque parecía efectivamente de mucho interés, Patronio descubrió que pretendían engañar al conde con hermosas palabras. Por eso le dijo:

—Señor conde Lucanor, debéis saber que ese hombre os quiere engañar y así os dice que vuestro poder y vuestro estado son mayores de lo que en realidad son. Por eso, para que evitéis ese engaño que os prepara, me gustaría que supierais lo que sucedió a un cuervo con una zorra.

Y el conde le preguntó lo ocurrido.

—Señor conde Lucanor —dijo Patronio—, el cuervo encontró una vez un gran pedazo de queso y se subió a un árbol para comérselo con tranquilidad, sin que nadie le molestara. Estando así el cuervo, acertó a pasar la zorra debajo del árbol y, cuando vio el queso, empezó a urdir la forma de quitárselo. Con ese fin le dijo:

—Don Cuervo, desde hace mucho tiempo he oído hablar de vos, de vuestra nobleza y de vuestra gallardía, pero aunque os he buscado por todas partes, ni Dios ni mi suerte me han permitido encontraros antes. Ahora que os veo, pienso que sois muy superior a lo que me decían. Y para que veáis que no trato de lisonjearos, no solo os diré vuestras buenas prendas, sino también los defectos que os atribuyen. Todos dicen que, como el color de vuestras plumas, ojos, patas y garras es negro, y como el negro no es tan bonito como otros colores, el ser vos tan negro os hace muy feo, sin darse cuenta de su error pues, aunque vuestras plumas son negras, tienen un tono azulado, como las del pavo real, que es la más bella de las aves. Y pues vuestros ojos son para ver, como el negro hace ver mejor, los ojos negros son los mejores y por ello todos alaban los ojos de la gacela, que los tiene más oscuros que ningún animal. Además, vuestro pico y vuestras uñas son más fuertes que los de ninguna otra ave de vuestro tamaño. También quiero deciros que voláis con tal ligereza que podéis ir contra el viento, aunque sea muy fuerte, cosa que otras muchas aves no pueden hacer tan fácilmente como vos. Y así creo que, como Dios todo lo hace bien, no habrá consentido que vos, tan perfecto en todo, no pudieseis cantar mejor que el resto de las aves, y porque Dios me ha otorgado la dicha de veros y he podido comprobar que sois más bello de lo que dicen, me sentiría muy dichosa de oír vuestro canto.

Señor conde Lucanor, pensad que, aunque la intención de la zorra era engañar al cuervo, siempre le dijo verdades a medias y, así, estad seguro de que una verdad engañosa producirá los peores males y perjuicios.

Cuando el cuervo se vio tan alabado por la zorra, como era verdad cuanto decía, creyó que no lo engañaba y, pensando que era su amiga, no sospechó que lo hacía por quitarle el queso. Convencido el cuervo por sus palabras y halagos, abrió el pico para cantar, por complacer a la zorra. Cuando abrió la boca, cayó el queso a tierra, lo cogió la zorra y escapó con él. Así fue engañado el cuervo por las alabanzas de su falsa amiga, que le hizo creerse más hermoso y más perfecto de lo que realmente era.

Y vos, señor conde Lucanor, pues veis que, aunque Dios os otorgó muchos bienes, aquel hombre os quiere convencer de que vuestro poder y estado aventajan en mucho la realidad, creed que lo hace por engañaros. Y, por tanto, debéis estar prevenido y actuar como hombre de buen juicio.

Al conde le agradó mucho lo que Patronio le dijo e hízolo así. Por su buen consejo evitó que lo engañaran.

Y como don Juan creyó que este cuento era bueno, lo mandó poner en este libro e hizo estos versos, que resumen la moraleja. Estos son los versos:

> Quien te encuentra bellezas que no tienes,
> siempre busca quitarte algunos bienes.

Ejemplo VI. Lo que sucedió a la golondrina con los otros pájaros cuando vio sembrar el lino

Otra vez, hablando el conde Lucanor con Patronio, su consejero, le dijo:

—Patronio, me han asegurado que unos nobles, que son vecinos míos y mucho más fuertes que yo, se están juntando contra mí y, con malas artes, buscan la manera de hacerme daño; yo no lo creo ni tengo miedo, pero, como confío en vos, quiero pediros que me aconsejéis si debo estar preparado contra ellos.

—Señor conde Lucanor —dijo Patronio— para que podáis hacer lo que en este asunto me parece más conveniente, me gustaría mucho que supierais lo que sucedió a la golondrina con las demás aves.

El conde le preguntó qué había ocurrido.

—Señor conde Lucanor —dijo Patronio— la golondrina vio que un hombre sembraba lino y, guiada por su buen juicio, pensó que, cuando el lino creciera, los hombres podrían hacer con él redes y lazos para cazar a los pájaros. Inmediatamente se dirigió a estos, los reunió y les dijo que los hombres habían plantado lino y que, si llegara a crecer, debían estar seguros de los peligros y daños que ello suponía. Por eso les aconsejó ir a los campos de lino y arrancarlo antes de que naciese. Les hizo esa propuesta porque es más fácil atacar los males en su raíz, pero después es mucho más difícil. Sin embargo, las demás aves no le dieron ninguna importancia y no quisieron arrancar la simiente. La golondrina les insistió muchas veces para que lo hicieran, hasta que vio cómo los pájaros no se daban cuenta del peligro ni les preocupaba; pero, mientras tanto, el lino seguía encañando y las aves ya no podían arrancarlo con sus picos y patas. Cuando los pájaros vieron que el lino estaba ya muy crecido y que no podían reparar el daño que se les avecinaba, se arrepintieron por no haberle puesto remedio antes, aunque sus lamentaciones fueron inútiles pues ya no podían evitar su mal.

Antes de esto que os he contado, viendo la golondrina que los demás pájaros no querían remediar el peligro que los amenazaba, habló con los hombres, se puso bajo su protección y ganó tranquilidad y seguridad para sí y para su especie. Desde entonces las golondrinas viven seguras y sin daño entre los hombres, que no las persiguen. A las demás aves, que no supieron prevenir el peligro, las acosan y cazan todos los días con redes y lazos.

Y vos, señor conde Lucanor, si queréis evitar el daño que os amenaza, estad precavido y tomad precauciones antes de que sea ya demasiado tarde: pues no es prudente el que ve las cosas cuando ya suceden o han ocurrido, sino quien por un simple indicio descubre el peligro que corre y pone soluciones para evitarlo.

Al conde le agradó mucho este consejo, actuó de acuerdo con él y le fue muy bien.

Como don Juan vio que este era un buen cuento, lo mandó poner en este libro e hizo unos versos que dicen así:

Los males al comienzo debemos arrancar,
porque una vez crecidos, ¿quién los atajará?

Ejemplo VII. Lo que sucedió a una mujer que se llamaba doña Truhana

Otra vez estaba hablando el conde Lucanor con Patronio de esta manera:

—Patronio, un hombre me ha propuesto una cosa y también me ha dicho la forma de conseguirla. Os aseguro que tiene tantas ventajas que, si con la ayuda de Dios pudiera salir bien, me sería de gran utilidad y provecho, pues los beneficios se ligan unos con otros, de tal forma que al final serán muy grandes.

Y entonces le contó a Patronio cuanto él sabía. Al oírlo Patronio, contestó al conde:

—Señor conde Lucanor, siempre oí decir que el prudente se atiene a las realidades y desdeña las fantasías, pues muchas veces a quienes viven de ellas les suele ocurrir lo que a doña Truhana.

El conde le preguntó lo que le había pasado a esta.

—Señor conde —dijo Patronio—, había una mujer que se llamaba doña Truhana, que era más pobre que rica, la cual, yendo un día al mercado, llevaba una olla de miel en la cabeza. Mientras iba por el camino, empezó a pensar que vendería la miel y que, con lo que le diesen, compraría una partida de huevos, de los cuales nacerían gallinas, y que luego, con el dinero que le diesen por las gallinas, compraría ovejas, y así fue comprando y vendiendo, siempre con ganancias, hasta que se vio más rica que ninguna de sus vecinas.

Luego pensó que, siendo tan rica, podría casar bien a sus hijos e hijas, y que iría acompañada por la calle de yernos y nueras y, pensó también que todos comentarían su buena suerte pues había llegado a tener tantos bienes aunque había nacido muy pobre.

Así, pensando en esto, comenzó a reír con mucha alegría por su buena suerte y, riendo, riendo, se dio una palmada en la frente, la olla cayó al suelo y se rompió en mil pedazos. Doña Truhana, cuando vio la olla rota y la miel esparcida por el suelo, empezó a llorar y a lamentarse muy amargamente porque había perdido todas las riquezas que esperaba obtener de la olla si no se hubiera roto. Así, porque puso toda su confianza en fantasías, no pudo hacer nada de lo que esperaba y deseaba tanto.

Vos, señor conde, si queréis que lo que os dicen y lo que pensáis sean realidad algún día, procurad siempre que se trate de cosas razonables y no fantasías o imaginaciones dudosas y vanas. Y cuando quisiereis iniciar algún negocio, no arriesguéis algo muy vuestro, cuya pérdida os pueda ocasionar dolor, por conseguir un provecho basado tan solo en la imaginación.

Al conde le agradó mucho esto que le contó Patronio, actuó de acuerdo con la historia y, así, le fue muy bien.

Y como a don Juan le gustó este cuento, lo hizo escribir en este libro y compuso estos versos:

En realidades ciertas os podéis confiar,
mas de las fantasías os debéis alejar.

Ejemplo VIII. Lo que sucedió a un hombre al que tenían que limpiarle el hígado

Otra vez hablaba el conde Lucanor con Patronio, su consejero, y le dijo:

—Ahora estoy necesitado de dinero, aunque Dios me ha hecho venturoso otras muchas veces. Creo que tendré que vender una de mis tierras, aquella por la que más cariño siento, aunque, si lo hago, me resultará muy doloroso, o bien tendré que hacer otra cosa que me dolerá tanto como la anterior. Tengo que hacerlo para salir del agobio y de la penuria en que estoy, pues, aunque me ven así, y a pesar de que no lo necesitan verdaderamente, vienen a mí muchas gentes a pedirme un dinero que tantos sacrificios me va a costar. Por el buen juicio que Dios ha puesto en vos, os ruego que me digáis lo que debo hacer en este asunto.

—Señor conde Lucanor —dijo Patronio— me parece que os ocurre a vos con esa gente lo que le pasó a un hombre que estaba muy enfermo.

Y el conde le rogó que le contara lo acaecido.

—Señor conde Lucanor —dijo Patronio—, había un hombre que estaba muy enfermo, al cual dijeron los médicos que no podría curarse si no le hacían una abertura en el costado para sacarle el hígado y lavarlo con unas medicinas. Mientras lo estaban operando, el cirujano tenía el hígado en las manos y, de pronto, un hombre que estaba cerca comenzó a pedirle un trozo de aquel hígado para su gato.

Y vos, señor conde Lucanor, si queréis perjudicaros para conseguir un dinero que después vais a dar a quienes no lo necesitan, podréis hacerlo por vuestro capricho, pero nunca por mi consejo.

Al conde le agradó mucho lo que dijo Patronio, siguió sus consejos y le fue muy bien.

Y como don Juan vio que este cuento era bueno, lo hizo poner en este libro y escribió unos versos que dicen así:

Si no te piensas bien a quién debes prestar,
solo muy graves daños te podrán aguardar.

Ejemplo IX. Lo que sucedió a los dos caballos con el león

Un día hablaba el conde Lucanor con su consejero Patronio y le dijo:

—Patronio, desde hace mucho tiempo tengo un enemigo que me ha hecho mucho daño y yo a él, de modo que por obras y pensamientos estamos muy enemistados. Y ahora sucede que otro caballero, más poderoso que nosotros dos, está haciendo algunas cosas de las que ambos tememos que nos pueda venir mucho daño. Mi enemigo me ha sugerido que nos unamos y preparemos nuestra defensa contra el que desea atacarnos, pues si los dos estamos unidos le haremos frente con facilidad; pero si uno abandona al otro, cualquiera de nosotros que vaya contra aquel caballero no podrá vencerlo y, cuando uno de los dos sea derrotado, el que sobreviva será vencido aún más fácilmente. Por eso tengo serias dudas en este asunto, pues si hacemos las paces habremos de fiarnos el uno del otro, por lo cual, si aquel enemigo mío me quiere engañar y si yo estuviese en sus manos, mi vida correría peligro; pero por otra parte, si no nos unimos como me sugiere, nos puede venir mucho daño, tal como os he dicho. Por la confianza que tengo en vos y por vuestro buen juicio, os ruego que me deis consejo para obrar como mejor deba.

—Señor conde Lucanor —dijo Patronio—, la cosa es importante y al mismo tiempo peligrosa. Para que mejor sepáis lo que debéis hacer, me gustaría contaros lo que ocurrió en Túnez a dos caballeros que vivían con el infante don Enrique.

El conde le pidió que se lo contara.

—Señor conde —comenzó Patronio—, dos caballeros que estaban en Túnez con el infante don Enrique eran muy amigos y vivían juntos. Estos dos caballeros no tenían sino un caballo cada uno, y mientras ellos se estimaban y respetaban, sus caballos se tenían un odio feroz. Como los caballeros no eran tan ricos que pudieran pagar estancias distintas, y por la malquerencia de sus caballos no podían compartirlas, llevaban una vida muy enojosa. Cuando pasó cierto tiempo y vieron que no había solución, se lo contaron al infante don Enrique y le pidieron como favor que echara aquellos caballos a un león que tenía el rey de Túnez.

Don Enrique habló con el rey de Túnez, que les pagó muy bien los caballos y los mandó meter en el patio donde estaba el león. Al verse los caballos juntos en aquel lugar, antes de que el león saliese de su jaula empezaron a pelear con mucha ira. Estando en lo más violento de su pelea, abrieron la jaula del león y, cuando los caballos lo vieron suelto por el patio, se echaron a temblar y se fueron acercando el uno al otro. Cuando estuvieron juntos, se quedaron así un rato y luego se lanzaron los dos contra el león, al que atacaron con cascos y dientes de modo tan violento que hubo de buscar refugio en su jaula. Los dos caballos quedaron sin daño, porque el león no pudo herirlos ni siquiera levemente y, después de esto, los dos caballos se hicieron tan amigos que comían en el mismo pesebre y dormían juntos en la misma cuadra, aunque era muy pequeña. Esta amistad nació entre ellos por el miedo que les produjo la presencia del león.

Vos, señor conde Lucanor, si creéis que vuestro enemigo tiene tanto miedo del otro porque le puede causar mucho daño y os necesita tanto a vos que forzosamente ha de olvidar vuestras antiguas rencillas, pues piensa que sin vos no puede defenderse, creo que, del mismo modo que los caballos se fueron acercando poco a poco hasta perder el recelo mutuo y estuvieron bien seguros el uno del otro, así vos debéis confiar poco a poco en vuestro antiguo enemigo. Y si siempre encontráis en él buenas obras y fidelidad, de modo que estéis seguro de que nunca os hará daño, por muy bien que vayan sus cosas, entonces haréis bien y os será muy útil ir en su ayuda para que no os destruya ni conquiste aquel otro enemigo; pues en muchas ocasiones debemos soportar, perdonar y auxiliar a nuestros parientes y vecinos para que nos defiendan contra los extraños. Pero si viereis que vuestro enemigo es de tal condición que, desde que le hayáis ayudado y sacado del peligro, al tener sus tierras a salvo, se levantará contra vos y no podréis confiar en él, no sería muy sensato que le ayudarais sino que debéis apartaros de él cuanto podáis, porque habréis comprobado que, aunque estaba él en un trance muy apurado, no quiso olvidar su antiguo recelo contra vos, sino que esperaba el momento oportuno de causar vuestro daño, con lo cual queda bien patente que no deberéis ayudarle a salir del peligro en que ahora se encuentra.

Al conde le agradó mucho lo que Patronio le dijo, pues comprendió que le daba un buen consejo.

Y como don Juan vio que este cuento era muy bueno, lo mandó poner en este libro e hizo los versos que dicen así:

> Estando vuestras tierras protegidas de daño,
> evitad las argucias que urden los extraños.

Ejemplo X. Lo que ocurrió a un hombre que por pobreza y falta de otro alimento comía altramuces

Otro día hablaba el conde Lucanor con Patronio de este modo:

—Patronio, bien sé que Dios me ha dado tantos bienes y mercedes que yo no puedo agradecérselos como debiera, y sé también que mis propiedades son ricas y extensas; pero a veces me siento tan acosado por la pobreza que me da igual la muerte que la vida. Os pido que me deis algún consejo para evitar esta congoja.

—Señor conde Lucanor —dijo Patronio—, para que encontréis consuelo cuando eso os ocurra, os convendría saber lo que les ocurrió a dos hombres que fueron muy ricos.

El conde le pidió que le contase lo que les había sucedido.

—Señor conde Lucanor —dijo Patronio—, uno de estos hombres llegó a tal extremo de pobreza que no tenía absolutamente nada que comer. Después de mucho esforzarse para encontrar algo con que alimentarse, no halló sino una escudilla llena de altramuces. Al acordarse de cuán rico había sido y verse ahora hambriento, con una escudilla de altramuces como única comida, pues sabéis que son tan amargos y tienen tan mal sabor, se puso a llorar amargamente; pero, como tenía mucha hambre, empezó a comérselos y, mientras los comía, seguía llorando y las pieles las echaba tras de sí. Estando él con este pesar y con esta pena, notó que a sus espaldas caminaba otro hombre y, al volver la cabeza, vio que el hombre que le seguía estaba comiendo las pieles de los altramuces que él había tirado al suelo. Se trataba del otro hombre de quien os dije que también había sido rico.

Cuando aquello vio el que comía los altramuces, preguntó al otro por qué se comía las pieles que él tiraba. El segundo le contestó que había sido más rico que él, pero ahora era tanta su pobreza y tenía tanta hambre que se alegraba mucho si encontraba, al menos, pieles de altramuces con que alimentarse. Al oír esto, el que comía los altramuces se tuvo por consolado, pues comprendió que había otros más pobres que él, teniendo menos motivos para desesperarse. Con este consuelo, luchó por salir de su pobreza y, ayudado por Dios, salió de ella y otra vez volvió a ser rico.

Y vos, señor conde Lucanor, debéis saber que, aunque Dios ha hecho el mundo según su voluntad y ha querido que todo esté bien, no ha permitido que nadie lo posea todo. Mas, pues en tantas cosas Dios os ha sido propicio y os ha dado bienes y honra, si alguna vez os falta dinero o estáis en apuros, no os pongáis triste ni os desaniméis, sino pensad que otros más ricos y de mayor dignidad que vos estarán tan apurados que se sentirían felices si pudiesen ayudar a sus vasallos, aunque fuera menos de lo que vos lo hacéis con los vuestros.

Al conde le agradó mucho lo que dijo Patronio, se consoló y, con su esfuerzo y con la ayuda de Dios, salió de aquella penuria en la que se encontraba.

Y viendo don Juan que el cuento era muy bueno, lo mandó poner en este libro e hizo los versos que dicen así:

> Por padecer pobreza nunca os desaniméis,
> porque otros más pobres un día encontraréis.

Ejemplo XI. Lo que sucedió a un deán de Santiago con don Illán, el mago de Toledo

Otro día hablaba el conde Lucanor con Patronio y le dijo lo siguiente:

—Patronio, un hombre vino a pedirme que le ayudara en un asunto en que me necesitaba, prometiéndome que él haría por mí cuanto me fuera más provechoso y de mayor honra. Yo le empecé a ayudar en todo lo que pude. Sin haber logrado aún lo que pretendía, pero pensando él que el asunto estaba ya solucionado, le pedí que me ayudara en una cosa que me convenía mucho, pero se excusó. Luego volví a pedirle su ayuda, y nuevamente se negó, con un pretexto; y así hizo en todo lo que le pedí. Pero aún no ha logrado lo que pretendía, ni lo podrá conseguir si yo no le ayudo. Por la confianza que tengo en vos y en vuestra inteligencia, os ruego que me aconsejéis lo que deba hacer.

—Señor conde —dijo Patronio—, para que en este asunto hagáis lo que se debe, mucho me gustaría que supierais lo que ocurrió a un deán de Santiago con don Illán, el mago que vivía en Toledo.

El conde le preguntó lo que había pasado.

—Señor conde —dijo Patronio—, en Santiago había un deán que deseaba aprender el arte de la nigromancia y, como oyó decir que don Illán de Toledo era el que más sabía en aquella época, se marchó a Toledo para aprender con él aquella ciencia. Cuando llegó a Toledo, se dirigió a casa de don Illán, a quien encontró leyendo en una cámara muy apartada. Cuando lo vio entrar en su casa, don Illán lo recibió con mucha cortesía y le dijo que no quería que le contase los motivos de su venida hasta que hubiese comido y, para demostrarle su estima, lo acomodó muy bien, le dio todo lo necesario y le hizo saber que se alegraba mucho con su venida.

Después de comer, quedaron solos ambos y el deán le explicó la razón de su llegada, rogándole encarecidamente a don Illán que le enseñara aquella ciencia, pues tenía deseos de conocerla a fondo. Don Illán le dijo que si ya era deán y persona muy respetada, podría alcanzar más altas dignidades en la Iglesia, y que quienes han prosperado mucho, cuando consiguen todo lo que deseaban, suelen olvidar rápidamente los favores que han recibido, por lo que recelaba que, cuando hubiese aprendido con él aquella ciencia, no querría hacer lo que ahora le prometía. Entonces el deán le aseguró que, por mucha dignidad que alcanzara, no haría sino lo que él le mandase.

Hablando de este y otros temas estuvieron desde que acabaron de comer hasta que se hizo la hora de la cena. Cuando ya se pusieron de acuerdo, dijo el mago al deán que aquella ciencia solo se podía enseñar en un lugar muy apartado y que por la noche le mostraría dónde había de retirarse hasta que la aprendiera. Luego, cogiéndolo de la mano, lo llevó a una sala y, cuando se quedaron solos, llamó a una criada, a la que pidió que les preparase unas perdices para la cena, pero que no las asara hasta que él se lo mandase.

Después llamó al deán, se entraron los dos por una escalera de piedra muy bien labrada y tanto bajaron que parecía que el río Tajo tenía que pasar por encima de ellos. Al final de la escalera encontraron una estancia muy amplia, así como un salón muy adornado, donde estaban los libros y la sala de estudio en la que permanecerían. Una vez sentados, y mientras ellos pensaban con qué libros habrían de comenzar, entraron dos hombres por la puerta y dieron al deán una carta de su tío el arzobispo en la que le comunicaba que estaba enfermo y que rápidamente fuese a verlo si deseaba llegar antes de su muerte. Al deán esta noticia le causó gran pesar, no solo por la grave situación de su tío sino también porque pensó que habría de abandonar aquellos estudios apenas iniciados. Pero decidió no dejarlos tan pronto y envió una carta a su tío, como respuesta a la que había recibido.

Al cabo de tres o cuatro días, llegaron otros hombres a pie con una carta para el deán en la que se le comunicaba la muerte de su tío el arzobispo y la reunión que estaban celebrando en la catedral para buscarle un sucesor, que todos creían que sería él con la ayuda de Dios; y por esta razón no debía ir a la iglesia, pues sería mejor que lo eligieran arzobispo mientras estaba fuera de la diócesis que no presente en la catedral.

Y después de siete u ocho días, vinieron dos escuderos muy bien vestidos, con armas y caballos, y cuando llegaron al deán le besaron la mano y le enseñaron las cartas donde le decían que había sido elegido arzobispo. Al enterarse, don Illán se dirigió al nuevo arzobispo y le dijo que agradecía mucho a Dios que le hubieran llegado estas noticias estando en su casa y que, pues Dios le había otorgado tan alta dignidad, le rogaba que concediese su vacante como deán a un hijo suyo. El nuevo arzobispo le pidió a don Illán que le permitiera otorgar el deanazgo a un hermano suyo prometiéndole que daría otro cargo a su hijo. Por eso pidió a don Illán que se fuese con su hijo a Santiago. Don Illán dijo que lo haría así.

Marcharon, pues, para Santiago, donde los recibieron con mucha pompa y solemnidad. Cuando vivieron allí cierto tiempo, llegaron un día enviados del papa con una carta para el arzobispo en la que le concedía el obispado de Tolosa y le autorizaba, además, a dejar su arzobispado a quien quisiera. Cuando se enteró don Illán, echándole en cara el olvido de sus promesas, le pidió encarecidamente que se lo diese a su hijo, pero el arzobispo le rogó que consintiera en otorgárselo a un tío suyo, hermano de su padre. Don Illán contestó que, aunque era injusto, se sometía a su voluntad con tal de que le prometiera otra dignidad. El arzobispo volvió a prometerle que así sería y le pidió que él y su hijo lo acompañasen a Tolosa.

Cuando llegaron a Tolosa fueron muy bien recibidos por los condes y por la nobleza de aquella tierra. Pasaron allí dos años, al cabo de los cuales llegaron mensajeros del papa con cartas en las que le nombraba cardenal y le decía que podía dejar el obispado de Tolosa a quien quisiere. Entonces don Illán se dirigió a él y le dijo que, como tantas veces había faltado a sus promesas, ya no debía poner más excusas para dar aquella sede vacante a su hijo. Pero el cardenal le rogó que consintiera en que otro tío suyo, anciano muy honrado y hermano de su madre, fuese el nuevo obispo; y, como él ya era cardenal, le pedía que lo acompañara a Roma, donde bien podría favorecerlo. Don Illán se quejó mucho, pero accedió al ruego del nuevo cardenal y partió con él hacia la corte romana.

Cuando allí llegaron, fueron muy bien recibidos por los cardenales y por la ciudad entera, donde vivieron mucho tiempo. Pero don Illán seguía rogando casi a diario al cardenal para que diese algún beneficio eclesiástico a su hijo, cosa que el cardenal excusaba.

Murió el papa y todos los cardenales eligieron como nuevo papa a este cardenal del que os hablo. Entonces, don Illán se dirigió al papa y le dijo que ya no podía poner más excusas para cumplir lo que le había prometido tanto tiempo atrás, contestándole el papa que no le apremiara tanto pues siempre habría tiempo y forma de favorecerle. Don Illán empezó a quejarse con amargura, recordándole también las promesas que le había hecho y que nunca había cumplido, y también le dijo que ya se lo esperaba desde la primera vez que hablaron; y que, pues había alcanzado tan alta dignidad y seguía sin otorgar ningún privilegio, ya no podía esperar de él ninguna merced. El papa, cuando oyó hablar así a don Illán, se enfadó mucho y le contestó que, si seguía insistiendo, le haría encarcelar por hereje y por mago, pues bien sabía él, que era el papa, cómo en Toledo todos le tenían por sabio nigromante y que había practicado la magia durante toda su vida.

Al ver don Illán qué pobre recompensa recibía del papa, a pesar de cuanto había hecho, se despidió de él, que ni siquiera le quiso dar comida para el camino. Don Illán, entonces, le dijo al papa que, como no tenía nada para comer, habría de echar mano a las perdices que había mandado asar la noche que él llegó, y así llamó a su criada y le mandó que asase las perdices.

Cuando don Illán dijo esto, se encontró el papa en Toledo, como deán de Santiago, tal y como estaba cuando allí llegó, siendo tan grande su vergüenza que no supo qué decir para disculparse. Don Illán lo miró y le dijo que bien podía marcharse, pues ya había comprobado lo que podía esperar de él, y que daría por mal empleadas las perdices si lo invitase a comer.

Y vos, señor conde Lucanor, pues veis que la persona a quien tanto habéis ayudado no os lo agradece, no debéis esforzaros por él ni seguir ayudándole, pues podéis esperar el mismo trato que recibió don Illán de aquel deán de Santiago.

El conde pensó que era este un buen consejo, lo siguió y le fue muy bien.

Y como comprendió don Juan que el cuento era bueno, lo mandó poner en este libro e hizo los versos, que dicen así:

> Cuanto más alto suba aquel a quien ayudéis,
> menos apoyo os dará cuando lo necesitéis.

Ejemplo XII. Lo que sucedió a la zorra con un gallo

Una vez hablaba el conde Lucanor con Patronio, su consejero, de este modo: Patronio, sabéis que, gracias a Dios, mis señoríos son grandes, pero no están todos juntos. Aunque tengo tierras muy bien defendidas, otras no lo están tanto y otras están muy lejos de las tierras donde mi poder es mayor. Cuando me encuentro en guerra con mis señores, los reyes, o con vecinos más poderosos que yo, muchos que se llaman mis amigos y algunos que me quieren aconsejar me atemorizan y asustan, aconsejándome que de ningún modo esté en mis señoríos más apartados, sino que me refugie en los que tienen mejores baluartes, defensas y bastiones, que están en el centro de mis tierras. Como os sé muy leal y muy entendido en estos asuntos, os pido vuestro consejo para hacer ahora lo más conveniente.

—Señor conde Lucanor —dijo Patronio—, en asuntos graves y problemáticos es muy arriesgado dar un consejo, pues muchas veces podemos equivocarnos, al no estar seguros de cómo terminarán las cosas. Con frecuencia vemos que, pensando una cosa, sale después otra muy distinta, porque lo que tememos que salga mal, sale luego bien, y lo que creíamos que saldría bien, luego resulta mal; por ello, si el consejero es hombre leal y de justa intención, cuando ha de dar un consejo se siente en grave apuro y, si no sale bien, queda el consejero humillado y desacreditado. Por cuanto os digo, señor conde, me gustaría evitarme el aconsejaros, pues se trata de una situación muy delicada y peligrosa, pero como queréis que sea yo quien os aconseje, y no puedo negarme, me gustaría mucho contaros lo que sucedió a un gallo con una zorra.

El conde le pidió que se lo contara.

—Señor conde —dijo Patronio—, había un buen hombre que tenía una casa en la montaña y que criaba muchas gallinas y gallos, además de otros animales. Sucedió que un día uno de sus gallos se alejó de la casa y se adentró en el campo, sin pensar en el peligro que podía correr, cuando lo vio la zorra, que se le fue acercando muy sigilosamente para matarlo. Al verla, el gallo se subió a un árbol que estaba un poco alejado de los otros. Viendo la zorra que el gallo estaba fuera de su alcance, tomó gran pesar porque se le había escapado y empezó a pensar cómo podía cogerlo. Fue derecha al árbol y comenzó a halagar al gallo, rogándole que bajase y siguiera su paseo por el campo; pero el gallo no se dejó convencer. Viendo la zorra que con halagos no conseguiría nada, empezó a amenazar diciéndole que, pues no se fiaba de ella, ya le buscaría motivos para arrepentirse. Mas como el gallo se sentía a salvo, no hacía caso de sus amenazas ni de sus halagos.

Cuando la zorra comprendió que no podría engañarlo con estas tretas, se fue al árbol y se puso a roer su corteza con los dientes, dando grandes golpes con la cola en el tronco. El infeliz del gallo se atemorizó sin razón y, sin pensar que aquella amenaza de la zorra nunca podría hacerle daño, se llenó de miedo y quiso huir hacia los otros árboles donde esperaba encontrarse más seguro y, pues no podía llegar a la cima de la montaña, voló a otro árbol. Al ver la zorra que sin motivo se asustaba, empezó a perseguirlo de árbol en árbol, hasta que consiguió cogerlo y comérselo.

Vos, señor conde Lucanor, pues con tanta frecuencia os veis implicado en guerras que no podéis evitar, no os atemoricéis sin motivo ni temáis las amenazas o los dichos de nadie, pero tampoco debéis confiar en alguien que pueda haceros daño, sino esforzaos siempre por defender vuestras tierras más apartadas, que un hombre como vos, teniendo buenos soldados y alimentos, no corre peligro, aunque el lugar no esté muy bien fortificado. Y si por un miedo injustificado abandonáis los puestos más avanzados de vuestro señorío, estad seguro de que os irán quitando los otros hasta dejaros sin tierra; porque como demostréis miedo o debilidad, abandonando alguna de vuestras tierras, mayor empeño pondrán vuestros enemigos en quitaros las que todavía os queden. Además, si vos y los vuestros os mostráis débiles ante unos enemigos cada vez más envalentonados, llegará un momento en que os lo quiten todo; sin embargo, si defendéis bien lo primero, estaréis seguro, como lo habría estado el gallo si hubiera permanecido en el primer árbol. Por eso pienso que este cuento del gallo deberían saberlo todos los que tienen castillos y fortalezas a su cargo, para no dejarse atemorizar con amenazas o con engaños, ni con fosos ni con torres de madera, ni con otras armas parecidas que solo sirven para infundir temor a los sitiados. Aún os añadiré otra cosa para que veáis que solo os digo la verdad: jamás puede conquistarse una fortaleza sino escalando sus muros o minándolos, pero si el muro es alto las escaleras no sirven de nada. Y para minar unas murallas hace falta mucho tiempo. Y así, todas las fortalezas que se toman es porque a los sitiados les falta algo o porque sienten miedo sin motivo justificado. Por eso creo, señor conde, que los nobles como vos, e incluso quienes son menos poderosos, deben mirar bien qué acción defensiva emprenden, y llevarla a cabo solo cuando no puedan evitarla o excusarla. Mas, iniciada la empresa, no debéis atemorizaros por nada del mundo, aunque haya motivos para ello, porque es bien sabido que, de quienes están en peligro, escapan mejor los que se defienden que los que huyen. Pensad, por último, que si un perrillo al que quiere matar un poderoso alano se queda quieto y le enseña los dientes, podrá escapar muchas veces, pero si huye, aunque sea un perro muy grande, será cogido y muerto enseguida.

Al conde le agradó mucho todo esto que Patronio le contó, obró según sus consejos y le fue muy bien.

Y como don Juan pensó que este era un buen cuento, lo mandó poner en este libro e hizo unos versos que dicen así:

> No sientas miedo nunca sin razón
> y defiéndete bien, como un varón.

Ejemplo XIII. Lo que sucedió a un hombre que cazaba perdices

Hablaba otra vez el conde Lucanor con Patronio, su consejero, y le dijo:

—Patronio, algunos nobles muy poderosos y otros que lo son menos, a veces, hacen daño a mis tierras o a mis vasallos, pero, cuando nos encontramos, se excusan por ello, diciéndome que lo hicieron obligados por la necesidad, sintiéndolo muchísimo y sin poder evitarlo. Como yo quisiera saber lo que debo hacer en tales circunstancias, os ruego que me deis vuestra opinión sobre este asunto.

—Señor conde Lucanor —dijo Patronio—, lo que me habéis contado, y sobre lo cual me pedís consejo, se parece mucho a lo que ocurrió a un hombre que cazaba perdices.

El conde le pidió que se lo contase.

—Señor conde —dijo Patronio—, había un hombre que tendió sus redes para cazar perdices y, cuando ya había cobrado bastantes, el cazador volvió junto a la red donde estaban sus presas. A medida que las iba cogiendo, las sacaba de la red y las mataba y, mientras esto hacía, el viento, que le daba de lleno en los ojos, le hacía llorar. Al ver esto, una de las perdices, que estaba dentro de la malla, comenzó a decir a sus compañeras:

—¡Mirad, amigas, lo que le pasa a este hombre! ¡Aunque nos está matando, mirad cómo siente nuestra muerte y por eso llora!

Pero otra perdiz que estaba revoloteando por allí, que por ser más vieja y más sabia que la otra no había caído en la red, le respondió:

—Amiga, doy gracias a Dios porque me he salvado de la red y ahora le pido que nos salve a todas mis amigas y a mí de un hombre que busca nuestra muerte, aunque dé a entender con lágrimas que lo siente mucho.

Vos, señor conde Lucanor, evitad siempre al que os hace daño, aunque os dé a entender que lo siente mucho; pero si alguno os perjudica, no buscando vuestra deshonra, y el daño no es muy grave para vos, si se trata de una persona a la que estéis agradecido, que además lo ha hecho forzada por las circunstancias, os aconsejo que no le concedáis demasiada importancia, aunque debéis procurar que no se repita tan frecuentemente que llegue a dañar vuestro buen nombre o vuestros intereses. Pero si os perjudica voluntariamente, romped con él para que vuestros bienes y vuestra fama no se vean lesionados o perjudicados.

El conde vio que este era un buen consejo que Patronio le daba, lo siguió y todo le fue bien.

Y viendo don Juan que el cuento era bueno, lo mandó poner en este libro e hizo estos versos:

> A quien te haga mal, aunque sea a su pesar,
> busca siempre la forma de poderlo alejar.

Ejemplo XIV. Milagro que hizo Santo Domingo cuando predicó en el entierro de un comerciante

Otro día, hablando de sus asuntos el conde Lucanor con Patronio, le dijo:

—Patronio, algunos me aconsejan que reúna la mayor cantidad posible de dinero, y aun me dicen que esto me conviene más que ninguna otra cosa. Por eso os ruego que me deis vuestra opinión sobre este asunto.

—Señor conde —dijo Patronio—, aunque a los grandes señores os sea necesario tener dinero en muchas ocasiones y, sobre todo, para que nunca incumpláis vuestros deberes por su falta, no por eso podéis pensar en reunir solo dinero, abandonando otras obligaciones que tenéis con vuestros vasallos, así como las propias de vuestro estado y dignidad, pues si actuarais de ese modo podría sucederos lo que a un lombardo que vivió en Bolonia.

El conde le preguntó qué le había sucedido.

—Señor conde —dijo Patronio—, había en Bolonia un lombardo que acumuló grandes riquezas sin mirar nunca su procedencia, pues solo buscaba acrecentarlas día a día. El lombardo enfermó muy gravemente, y uno de sus amigos, cuando lo vio tan próximo a la muerte, le pidió que se confesara con santo Domingo, que a la sazón estaba en Bolonia. El lombardo accedió a confesarse.

Pero cuando llamaron al santo, este vio que era voluntad del Señor que aquel mal hombre sufriese las penas que merecían sus culpas y, por eso, no fue, sino que mandó un fraile para confesarlo. Cuando los hijos del comerciante supieron que se había hecho llamar a santo Domingo, se entristecieron, pensando que el buen santo mandaría a su padre devolver todos sus bienes a cambio de la salvación de su alma, por lo que de esta forma quedarían ellos en la miseria. Así, al llegar el fraile, le dijeron que su padre estaba con sudores y que lo llamarían cuando estuviera un poco mejor.

Al poco, el padre perdió el habla y murió sin poder hacerlo más preciso para la salvación de su alma. Cuando al otro día lo llevaron a enterrar, pidieron a santo Domingo que predicase en la ceremonia. Así lo hizo el santo, pero, cuando hubo de hablar sobre el difunto, citó estas palabras del evangelio que dicen: «Ubi est thesaurus tuus, ibi est cor tuum», que significan en romance: «Donde está tu tesoro, allí está tu corazón». Dicho esto, se dirigió a los presentes con estas palabras:

—Hermanos, para que veáis que el evangelio dice siempre la verdad, buscad el corazón de este hombre ya fallecido, aunque os afamo que no podréis encontrarlo dentro del cuerpo sino en el arca donde guardaba su tesoro.

Empezaron a buscarle el corazón en el cuerpo, pero no lo encontraron allí, sino en el arca, como había asegurado el santo. El corazón estaba lleno de gusanos y olía peor que la cosa más podrida y hedionda del mundo.

Y vos, señor conde Lucanor, aunque el dinero, como antes os he dicho, es bueno, procurad siempre dos cosas: conseguirlo por medios lícitos y honrados, y no desearlo tanto que os veáis obligado a hacer lo que no os convenga o que vaya en perjuicio de vuestra honra o de vuestros deberes; porque antes debéis intentar reunir un tesoro de buenas obras para lograr clemencia ante Dios y buena fama ante el mundo.

Al conde le agradó mucho este consejo que Patronio le dio y obró según él y le fue muy bien.

Y viendo don Juan que este cuento era muy bueno, lo hizo poner en este libro y compuso estos versos:

Amarás sobre todo el tesoro verdadero,
despreciarás, en fin, el bien perecedero.

Ejemplo XV. Lo que sucedió a don Lorenzo Suárez en el sitio de Sevilla

Un día hablaba el conde Lucanor con Patronio, su consejero, de este modo:

—Patronio, cierta vez tuve como enemigo a un rey muy poderoso, y, cuando la guerra ya había durado mucho, vimos que nos era más conveniente firmar un pacto. Aunque ahora nos consideramos aliados y no existen conflictos entre nosotros, siempre recelamos el uno del otro. Además, gente de su bando e incluso del mío me llenan de temor, pues dicen que aquel rey busca una excusa para atacarme. Por vuestra lealtad y buen entendimiento, os ruego que me aconsejéis lo que debo hacer en este caso.

—Señor conde Lucanor —dijo Patronio—, este es un consejo muy delicado por varias razones, pues cualquiera que busque poneros en un apuro lo podrá hacer muy fácilmente, porque aunque os dé a entender que intenta serviros, avisaros del peligro y poneros en guardia contra él, aunque parezca sentir vuestro daño, siempre podrá haceros sospechar de vuestro aliado. Y con esa sospecha, habréis de tomar tales medidas que serán el comienzo de una nueva guerra, sin que ninguno de vuestros consejeros pueda ser culpado, pues el que os diga que no os preocupéis por los riesgos del combate demuestra muy poca preocupación por vuestra vida; el que os diga que no reforcéis vuestros baluartes ni los abastezcáis de alimentos, hombres y armas, demuestra poco interés por vuestros señoríos; y el que os diga que no os protejáis con amigos y vasallos, que estén bien atendidos y contentos con vos, demuestra importarle muy poco vuestra honra y vuestra protección. Sabed, además, que es muy peligroso no hacer estas cosas, pero si se hacen pueden ser el inicio de nuevos alborotos y desórdenes. Con todo, como me pedís mi opinión sobre este asunto tan delicado, me gustaría que supierais lo que le sucedió a un buen caballero.

El conde le pidió que se lo contara.

—Señor conde —dijo Patronio—, cuando el santo y bienaventurado rey don Fernando tenía sitiada Sevilla, contaba con muchos y valientes caballeros, entre los que estaban los tres más diestros en el manejo de las armas: uno era don Lorenzo Suárez Gallinato, el otro don García Pérez de Vargas y del tercero no recuerdo su nombre. Los tres discutieron un día sobre quién de ellos era el mejor y más hábil. Como no llegaron a un acuerdo, decidieron armarse muy bien los tres y llegar a las murallas de Sevilla para golpear con sus lanzas las puertas de la ciudad.

Al día siguiente, por la mañana, los tres se pusieron sus armaduras y se dirigieron a la ciudad. Cuando los moros que vigilaban murallas y torres vieron que solo se trataba de tres caballeros cristianos, pensaron que serían mensajeros y ninguno les atacó, por lo cual los tres caballeros pasaron el puente, la barbacana, llegaron a las puertas de la ciudad y las golpearon con la punta de sus lanzas. Hecho esto, volvieron las riendas y regresaron junto al ejército.

Al ver los moros que no traían ningún mensaje, se sintieron humillados y quisieron salir tras ellos; pero, al abrir los musulmanes las puertas de la muralla, los tres caballeros, que se volvían despacio, estaban ya bastante lejanos. De la ciudad salieron en su persecución más de mil quinientos jinetes, así como más de veinte mil infantes. Cuando los tres caballeros vieron que eran perseguidos, volvieron sus caballos contra sus enemigos y los esperaron. Al acercarse más los moros, aquel caballero, cuyo nombre he olvidado, se lanzó contra ellos y empezó a luchar valientemente, mientras que don Lorenzo Suárez y don García Pérez estaban sin intervenir; al aproximarse más los moros, don García

Pérez de Vargas se les enfrentó, mientras que don Lorenzo Suárez seguía sin combatir, cosa que solo hizo cuando los moros lo atacaron, pero entonces se metió entre sus enemigos y comenzó a hacer cosas sorprendentes y heroicas con sus armas.

Cuando desde el campamento vieron a los tres caballeros enfrentarse a los moros, salieron en su ayuda. Aunque los tres pasaron momentos muy peligrosos y recibieron numerosas heridas, Dios no quiso que muriera ninguno de ellos. Tan grande fue la batalla entre moros y cristianos que el rey don Fernando hubo de ponerse al frente de su ejército, que resultó vencedor. Cuando el rey volvió a su tienda, mandó prender a los tres caballeros diciendo que merecían la muerte por haber cometido tal locura, pues hicieron que el ejército entrase en combate sin orden del rey y arriesgaron la vida propia inútilmente. Pero luego, ante las súplicas de los más ilustres capitanes, el rey mandó soltar a los tres que os he dicho.

Al saber el monarca la discusión que habían mantenido y sus consecuencias, convocó a los más nobles caballeros para decidir quién había sido el más valiente. Una vez reunidos, mantuvieron una fuerte polémica, pues unos decían que había demostrado mayor arrojo el que atacó a los moros el primero, otros que el segundo y otros lo decían del tercero. Cada uno defendía sus opiniones con tales argumentos que todos parecían tener razón. Y, en verdad, tan heroicamente se habían portado que cualquiera podría ser tenido como el más valiente; pero al acabar la discusión acordaron lo siguiente: si, en caso de que hubieren sido menos, los moros que les habían atacado hubieran podido ser vencidos solo por el valor y el esfuerzo de los tres caballeros, el primero en enfrentarse a ellos sería el mejor, pues comenzó algo que podría ser acabado; pero si los enemigos eran tan numerosos que ellos tres no podían, el primero en atacarlos no lo hizo impulsado por su valor, sino porque la vergüenza le impedía abandonar el campo y huir, mas como la huida era imposible, la falta de serenidad ante un miedo muy intenso le hizo comenzar su ataque. Al segundo en atacar, que supo dominar su miedo más tiempo, lo consideraron más valiente. Mas a don Lorenzo Suárez, que en ningún momento se dejó dominar por el miedo y esperó a que los moros le atacaran, lo creyeron el más valiente de los tres.

Vos, señor conde Lucanor, pues veis que os intentan atemorizar y que esa guerra sería de tal violencia que una vez iniciada no podríais acabarla, tened por cierto que, cuanto más dominéis vuestro miedo, mayores muestras de valor y de buen juicio daréis: porque, como tenéis lo vuestro seguro y no os pueden hacer mucho daño por sorpresa, os aconsejo que no perdáis la serenidad. Como tampoco pueden causaros grave daño, esperad que os ataquen y entonces veréis que solo se trata de temores infundados, producto de quienes buscan vivir y hacer vivir en la confusión. Pensad también, señor conde, que tanto esos amigos vuestros como los de aquel poderoso señor no desean la paz ni la guerra, para la cual carecen de recursos, sino solamente el alboroto y el desorden, durante los cuales puedan robar y atacar vuestras tierras y coaccionaros a vos y a los vuestros para quitaros lo que tenéis y lo que no tenéis, pues no temerán que los castiguéis por cuanto mal os hagan. Por lo cual, aunque vuestros enemigos urdan o hagan algo contra vos, al quedar ellos como culpables de la nueva contienda, conseguiréis doble triunfo: primero, porque Dios estará con vos, y su ayuda es muy necesaria en tales cosas; segundo, porque todo el mundo verá que tenéis razón al obrar así. Además, si no hacéis lo que no debéis, acaso no se levante el otro contra vos, viviréis en paz y haréis servicio a Dios y beneficio a los buenos, sin buscar vuestro daño por complacer a quienes os desean perjudicar, a los cuales tampoco les importaría el mal que pudieran causar a vuestra vida o hacienda.

Al conde le gustó mucho este consejo que le dio Patronio, siguió sus enseñanzas y le fue muy bien.

Y como don Juan comprendió que este cuento era muy bueno, lo mandó escribir en este libro e hizo estos versos que dicen así:

> Movidos por el temor, no decidáis atacar,
> que siempre sabe vencer quien siempre sabe
> esperar.

Ejemplo XVI. La respuesta que le dio el conde Fernán González a Nuño Laínez, su pariente

Conde Lucanor hablaba un día con Patronio de este modo:

—Patronio, como bien sabéis, yo ya no soy joven y, además, he pasado muchos trabajos y dificultades en mi vida. Sinceramente os digo que ahora querría descansar y dedicarme a la caza, olvidándome de preocupaciones y tareas más pesadas; como sé que siempre me habéis aconsejado con mucho acierto, os ruego que me digáis lo que más me conviene hacer.

—Señor conde —dijo Patronio—, aunque no os falta razón en lo que me decís, me gustaría que supieseis lo que contestó una vez el conde Fernán González a Nuño Laínez.

El conde le pidió que le contase lo que entre ellos había ocurrido.

—Señor conde —dijo Patronio—, el conde Fernán González vivía en Burgos, después de haber luchado muy duramente por defender su tierra. Una vez que estaba allí más sosegado y en paz, le dijo Nuño Laínez que ya le convenía alejarse de tantas disputas y contiendas, para descanso suyo y de sus gentes.

Le respondió el conde que nadie del mundo desearía tanto como él descansar y disfrutar de la paz si pudiera, pero bien sabía don Nuño que estaban en guerra con los moros, con los leoneses y con los navarros, por lo que, si ellos se dedicaban al ocio, sus contrarios les atacarían en seguida, y si se marcharan de caza con buenas aves de cetrería, siguiendo el cauce del Arlanzón, montados en buenas mulas gordas, sin mantener la defensa de sus tierras, bien lo podrían hacer, pero les sucedería como dice el antiguo refrán: «Murió el hombre y murió su nombre». Mas si, por el contrario, queremos olvidar las comodidades y nos esforzamos por defender este joven reino y acrecentar nuestra honra, dirán cuando muramos: «Murió el hombre, pero no murió su nombre». Y como hemos de morir, felices o desgraciados, no me parece que sea bueno dejar de hacer, por preferir el descanso y los placeres, lo que después de muertos mantiene viva la buena fama de nuestros hechos y gestas.

A vos, señor conde, pues sabéis que habéis de morir, nunca podré aconsejaros que, por buscar placeres y descanso, dejéis de hacer lo que corresponde a vuestro estado, para que así, una vez muerto vos, viva siempre la fama de vuestras grandes empresas.

Al conde le gustó mucho este consejo de Patronio, lo siguió y le fue muy bien.

Y como don Juan comprendió que se trataba de un cuento muy bueno, lo mandó escribir en este libro e hizo los versos que dicen así:

> Si por descanso y placeres la buena fama
> perdemos,
> al término de la vida deshonrados quedaremos.

Ejemplo XVII. Lo que sucedió a un hombre con otro que lo convidó a comer

Otra vez hablaba el conde Lucanor con Patronio, su consejero, y le dijo:

—Patronio, ha venido un hombre y me ha dicho que hará una cosa muy provechosa para mí, pero, al decírmelo, pensé que su ofrecimiento era tan débil que preferiría él que no lo aceptase. Yo pienso que, por una parte, me interesaría mucho hacer lo que me sugiere, aunque tengo reparos para aceptar su oferta, pues creo que me la ha hecho solo por cumplir. Como sois de tan buen juicio, os ruego que me digáis lo que os parece que deba hacer en este caso.

—Señor conde Lucanor —dijo Patronio—, para que hagáis en esto lo que me parece más favorable para vos, me gustaría mucho que supierais lo que sucedió a un hombre con otro que le convidó a comer.

El conde le rogó que le contase lo que entre ellos había ocurrido.

—Señor conde Lucanor —dijo Patronio—, había un hombre honrado que había sido muy rico pero se había arruinado totalmente, y le resultaba muy vergonzoso y humillante pedir ayuda a sus amigos para poder comer. Por esta razón pasaba muchas veces pobreza y hambre. Un día estaba muy preocupado, pues no tenía nada para comer, y acertó a pasar por la casa de un conocido suyo que estaba comiendo; cuando su amigo lo vio pasar, le dijo por simple cortesía si aceptaba comer con él. El hombre honrado, movido por tanta necesidad, le dijo, después de lavarse las manos:

—Con mucho gusto, amigo mío, porque tanto me habéis pedido e insistido para que coma con vos, que os haría una grave descortesía si rechazara vuestro amistoso y cálido ofrecimiento.

Dicho esto se sentó a comer, sació su hambre y quedó más contento. Al poco, Dios le fue propicio y lo sacó de aquella miseria en que vivía.

Vos, señor conde Lucanor, como juzgáis que lo que ese hombre os ofrece es muy provechoso para vos, simulad que aceptáis por darle gusto, sin pensar que lo hace por cumplir, y no esperéis a que insista mucho más, pues podría ser que no os renovara su ofrecimiento y entonces sería humillante para vos pedirle lo que ahora os ofrece.

El conde lo vio bien y pensó que era un buen consejo, obró según él y le resultó de gran provecho.

Y viendo don Juan que el cuento era muy útil, lo mandó escribir en este libro e hizo estos versos:

> Cuando tu provecho pudieras encontrar
> no debieras hacerte mucho de rogar.

Ejemplo XVIII. Lo que sucedió a don Pedro Meléndez de Valdés cuando se rompió una pierna

Otro día hablaba el conde Lucanor con Patronio, su consejero, y le dijo:

—Patronio, como vos sabéis, estoy en litigio con un señor, vecino mío y muy poderoso. Ambos hemos acordado ir a una villa y el que primero llegue se quedará con ella, pero el otro la perderá. Sabéis también que ya está preparada toda mi gente y que, si yo fuese el primero, con la ayuda de Dios, estoy seguro de que conseguiría mucha honra y gran provecho; pero como no estoy muy sano, veo que no puedo hacerlo y por eso estoy muy preocupado, y, aunque perder esa villa me duele mucho, sinceramente os digo que para mí será peor que él acreciente su poder y su honra. Por la confianza que tengo en vos, os ruego que me digáis lo que en estas circunstancias debo hacer.

—Señor conde Lucanor —dijo Patronio—, aunque tenéis razón al lamentaros, para que en casos como este hagáis siempre lo mejor, me gustaría que supierais lo que le sucedió a don Pedro Meléndez de Valdés.

El conde pidió que le contara lo sucedido.

—Señor conde Lucanor —dijo Patronio—, era don Pedro Meléndez de Valdés un caballero distinguido del reino de León, que, cuando tenía una contrariedad, siempre decía así: «Bendito sea Dios, pero pues Él lo ha hecho será por mi bien».

Y debéis saber que don Pedro Meléndez era consejero del rey de León y privado suyo, por lo cual sus enemigos, movidos por la envidia, lo acusaron ante el rey de crímenes tan graves que el monarca decidió mandarle matar.

Estando don Pedro Meléndez en su casa, le llegó una orden del rey mandándole ir a palacio inmediatamente. Sabed que quienes lo habían de matar lo estaban esperando a media legua de su casa. Cuando don Pedro Meléndez fue a coger su caballo para ir junto al rey, cayó por una escalera y se rompió una pierna; por lo cual sus sirvientes y acompañantes se sintieron muy disgustados y empezaron a echarle en cara su confianza en Dios, diciéndole:

—¡Vaya, don Pedro Meléndez! ¡Vos, que decís que lo que Dios hace es siempre por vuestro bien, tomad el que Dios ahora os envía!

Pero él les dijo que estuvieran seguros de que, aunque esta desgracia les molestara mucho, ya verían como era por su bien, pues Dios la había mandado. Y por mucho que insistieron, no pudieron cambiar su actitud.

Los que le esperaban para darle muerte por orden del rey, cuando vieron que don Pedro no llegaba y se enteraron de lo sucedido, volvieron a palacio y allí contaron al rey por qué sus órdenes no se habían cumplido.

Durante mucho tiempo estuvo don Pedro Meléndez sin poder cabalgar y en este tiempo supo el rey que las acusaciones contra don Pedro eran totalmente falsas, por lo cual hizo prender a sus calumniadores. Luego fue a visitar a don Pedro, le contó las infamias que habían levantado contra él, su resolución de darle muerte y, finalmente, le pidió perdón por los errores que había cometido y le concedió nuevos honores y mercedes para compensarle. Después mandó ejecutar en su presencia a quienes falsamente habían acusado a don Pedro.

Y así libró Dios a don Pedro Meléndez de perder la fama y aun la propia vida, resultando ciertas las palabras que solía decir: «Lo que Dios nos envía siempre es lo mejor».

Y vos, señor conde Lucanor, no os lamentéis por esta contrariedad que ahora padecéis, pues debéis saber que todo lo que Dios hace es para bien nuestro, y si así lo creéis Él os ayudará en todo momento. Pero debéis saber, además, que las cosas que nos suceden son de dos clases: unas las podemos remediar cuando ocurren; otras no tienen solución alguna. En las primeras debemos hacer cuanto podamos para hallar una solución, sin dejarlo todo en las manos de la Providencia o de la suerte, porque esto sería tentar a Dios, ya que, al tener el hombre entendimiento y razón, ha de intentar remediar cuantas contrariedades y desdichas le puedan sobrevenir. Sin embargo, en las cosas en que no es posible poner remedio, debemos pensar que, al ocurrir por voluntad de Dios, será por nuestro bien. Como esa enfermedad de la que me habláis es de las cosas que Dios manda y que no podemos remediar, pensad que, si viene de Él, será lo mejor que pueda ocurriros, que ya Dios dispondrá que todo salga como deseáis.

El conde pensó que Patronio le decía la verdad y le daba un buen consejo, obró así y le fue muy bien.

Y como don Juan vio que este era un buen cuento, lo hizo escribir en este libro e hizo los versos que dicen así:

No te quejes por lo que Dios hiciere
pues será por tu bien cuando Él quisiere.

Ejemplo XIX. Lo que sucedió a los cuervos con los búhos

Hablaba otro día el conde Lucanor con Patronio, su consejero, y le dijo:

—Patronio, estoy en lucha con un enemigo muy poderoso, que tenía en su casa a un pariente que se había criado con él y a quien había favorecido muchas veces. Una vez, por una disputa entre ellos, mi enemigo causó graves daños y deshonró a su pariente que, aunque le estaba muy obligado, pensando en aquellas ofensas y buscando la forma de vengarse, desea aliarse conmigo. Creo que me sería hombre muy útil, pues podría aconsejarme el mejor modo de hacerle daño a mi enemigo, ya que lo conoce muy bien. Por la gran confianza que me merecéis y por vuestro buen sentido, os ruego que me aconsejéis el modo de solucionar esta duda.

—Señor conde Lucanor —dijo Patronio—, lo primero que debo deciros es que ciertamente este hombre ha venido a vos para engañaros, y, para que sepáis cómo lo intentará conseguir, me gustaría que supierais lo que sucedió a los cuervos con los búhos.

El conde le preguntó lo que había sucedido en este caso.

—Señor conde Lucanor —dijo Patronio—, los cuervos y los búhos estaban en guerra entre sí, pero los cuervos llevaban la peor parte porque los búhos, que solo salen de noche y de día permanecen escondidos en lugares muy ocultos, volaban al amparo de la oscuridad hasta los árboles donde se cobijaban los cuervos, golpeando o matando a cuantos podían. Como los cuervos sufrían tanto, uno de ellos muy experimentado, al ver el grave daño que recibían los suyos, habló con sus parientes los cuervos y encontró un medio para vengarse de sus enemigos los búhos.

Este era el medio que pensó y puso en práctica: los cuervos le arrancaron las plumas, excepto alguna de las alas, por lo que volaba muy poco y mal. Así, lleno de heridas, se fue con los búhos, a los que contó el mal y el daño que le habían causado los cuervos porque él no quería la guerra contra los búhos, por lo cual, si ellos lo aceptaban como compañero, estaba dispuesto a decirles las mejores maneras para vengarse de los cuervos y hacerles mucho daño.

Los búhos, al oírlo, se pusieron contentos porque pensaban que con este aliado podrían derrotar a sus enemigos los cuervos, con lo cual empezaron a tratarlo muy bien y le hicieron partícipe de sus planes secretos y de sus proyectos para la lucha.

Sin embargo, había entre los búhos uno que era muy viejo y que tenía mucha experiencia que, cuando se enteró de lo del cuervo, descubrió el engaño que les preparaba y fue a explicárselo al cabecilla de los búhos, diciéndole que, con toda seguridad, aquel cuervo se les había unido para conocer sus planes y preparar su derrota, por lo que debía alejarlo de allí inmediatamente. Pero este experimentado búho no consiguió que sus hermanos le hicieran caso, por lo cual, al ver que no lo creían, se alejó de ellos y se fue a vivir a un lugar donde los cuervos no pudieran encontrarlo.

Los búhos, no obstante, siguieron confiando en el cuervo. Cuando le crecieron otra vez las plumas, dijo a los búhos que, pues ya podía volar, iría en busca de los cuervos para decirles dónde estaban y, de esta manera, reunidos todos los búhos, podrían acabar con sus enemigos los cuervos, cosa que les agradó mucho.

Al llegar el cuervo donde estaban sus hermanos, se juntaron todos y, como sabían los planes de los búhos, los atacaron de día, cuando ellos no vuelan y están tranquilos y sin recelo, y destrozaron y mataron a tantos búhos que los cuervos quedaron como únicos vencedores.

Así les sucedió a los búhos, por fiarse del cuervo que es, por naturaleza enemigo suyo.

Vos, señor conde Lucanor, pues sabéis que este hombre que quiere aliarse con vos debe vasallaje a vuestro enemigo, por lo cual él y toda su familia son vuestros enemigos también, os aconsejo que lo apartéis de vuestra compañía porque es seguro que pretende engañaros y busca vuestro mal. Pero si él os quiere servir desde fuera de vuestras tierras, de modo que nunca conozca vuestros planes ni pueda perjudicaros y verdaderamente hiciera tanto daño a aquel enemigo vuestro que nunca pudiera hacer las paces con él, entonces podréis confiar en ese pariente despechado, haciéndolo siempre con cautela para que no os pueda resultar peligroso.

El conde pensó que este era un buen consejo, obró según él y le fue muy provechoso.

Y como don Juan comprendió que se trataba de un cuento muy bueno, lo mandó escribir en este libro e hizo estos versos que dicen así:

Al que antes tu enemigo solía ser
ni en nada ni nunca le debes creer.

Ejemplo XX. Lo que sucedió a un rey con un hombre que le dijo que sabía hacer oro

Un día, hablaba el conde Lucanor con Patronio, su consejero, de este modo:

—Patronio, un hombre ha venido a verme y me ha dicho que puede proporcionarme muchas riquezas y gran honra, aunque para esto debería yo darle algún dinero para que comience su labor, que, una vez acabada, puede reportarme el diez por uno. Por el buen juicio que Dios puso en vos, os ruego que me aconsejéis lo que debo hacer en este asunto.

—Señor conde —dijo Patronio—, para que hagáis en esto lo que más os conviene, me gustaría contaros lo que sucedió a un rey con un hombre que le dijo que sabía hacer oro.

El conde le preguntó lo que había ocurrido.

—Señor conde Lucanor —dijo Patronio—, había un pícaro que era muy pobre y ambicionaba ser rico para salir de su pobreza. Aquel pícaro se enteró de que un rey poco juicioso era muy aficionado a la alquimia, para hacer oro.

Por ello, el pícaro tomó cien doblas de oro, las partió en trozos muy pequeños y los mezcló con otras cosas varias, haciendo así cien bolas, cada una de las cuales pesaba una dobla de oro más las cosas que le había añadido. Disfrazado el pícaro con ropas de persona seria y respetable, cogió las bolas, las metió en una bolsa, se marchó a la ciudad donde vivía el rey y allí las vendió a un especiero, que le preguntó la utilidad de aquellas bolas. El pícaro respondió que servían para muchas cosas y, sobre todo, para hacer alquimia; después se las vendió por dos o tres doblas. El especiero quiso saber el nombre de las bolitas, contestándole el pícaro que se llamaban tabardíe.

El pícaro vivió algún tiempo en aquella ciudad, llevando una vida muy recogida, pero diciendo a unos y a otros, como en secreto, que sabía hacer oro.

Cuando estas noticias llegaron al rey, lo mandó llamar y le preguntó si era verdad cuanto se decía de él. El pícaro, aunque al principio no quería reconocerlo diciendo que él no podía hacer oro, al final le dio a entender que sí era capaz, pero aconsejó al rey que en este asunto no debía fiarse de nadie ni arriesgar mucho dinero. No obstante, siguió diciendo el pícaro, si el rey se lo autorizaba, haría una demostración ante él para enseñarle lo poco que sabía de aquella ciencia. El rey se lo agradeció mucho, pareciéndole que, por sus palabras, no intentaba engañarlo. El pícaro pidió las cosas que necesitaba que, como eran muy corrientes excepto una bola de tabardíe, costaron muy poco dinero. Cuando las trajeron y las fundieron delante del rey, salió oro fino que pesaba una dobla. Al ver el rey que de algo tan barato sacaban una dobla de oro, se puso muy alegre y se consideró el más feliz del mundo. Por ello dijo al pícaro, que había hecho aquel milagro, que lo creía un hombre honrado. Y le pidió que hiciera más oro.

El granuja, sin darle importancia, le respondió:

—Señor, ya os he enseñado cuanto sé de este prodigio. En adelante, vos podréis conseguir oro igual que yo, pero conviene que sepáis una cosa: si os falta algo de lo que os he dicho, no podréis sacar oro.

Dicho esto, se despidió del rey y marchó a su casa.

El rey intentó hacer oro por sí mismo y, como dobló la receta, consiguió el doble de oro por valor de dos doblas; y, a medida que la triplicaba y cuadruplicaba, conseguía más y más oro. Viendo el rey que podría obtener cuanto oro quisiese, ordenó que le trajeran lo necesario para sacar mil doblas de oro. Sus criados encontraron todos los elementos menos el tabardíe. Cuando comprobó el rey que, al faltar el tabardíe, no podía hacer oro, mandó llamar al hombre que se lo había enseñado, al que dijo que ya no podía sacar más oro. El pícaro le preguntó si había mezclado todas las cosas que le indicó en su receta, contestando el rey que, aunque las tenía todas, le faltaba el tabardíe.

Respondió el granuja que, si le faltaba aunque fuera uno de los ingredientes, no podría conseguir oro, como ya se lo había advertido desde el principio.

El rey le preguntó si sabía dónde podía encontrar el tabardíe, y el pícaro respondió afirmativamente. Entonces le mandó el rey que fuera a comprarlo, pues sabía dónde lo vendían, y le trajera una gran cantidad para hacer todo el oro que él quisiese. El burlador le contestó que, aunque otra persona podría cumplir su encargo tan bien o mejor que él, si el rey disponía que se encargase él, así lo haría, pues en su país era muy abundante. Entonces calculó el rey a cuánto podían ascender los gastos del viaje y del tabardíe, resultando una cantidad muy elevada.

Cuando el pícaro cogió tantísimo dinero, se marchó de allí y nunca volvió junto al monarca, que resultó engañado por su falta de prudencia. Al ver que tardaba muchísimo, el rey mandó buscarlo en su casa, para ver si sabían dónde estaba; pero solo encontraron un arca cerrada, en la que, cuando consiguieron abrirla, vieron un escrito para el rey que decía: «Estad seguro de que el tabardíe es pura invención mía; os he engañado. Cuando yo os decía que podía haceros rico, debierais haberme respondido que primero me hiciera rico yo y luego me creeríais».

Al cabo de unos días, estaban unos hombres riendo y bromeando, para lo cual escribían los nombres de todos sus conocidos en listas separadas: en una los valientes, en otra los ricos, en otra los juiciosos, agrupándolos por sus virtudes y defectos. Al llegar a los nombres de quienes eran tontos, escribieron primero el nombre del rey, que, al enterarse, envió por ellos asegurándoles que no les haría daño alguno. Cuando llegaron junto al rey, este les preguntó por qué lo habían incluido entre los tontos del reino, a lo que contestaron ellos que por haber dado tantas riquezas a un extraño al que no conocía ni era vasallo suyo. Les replicó el rey que estaban equivocados y que, si viniera el pícaro que le había robado, no quedaría él entre los tontos, a lo que respondieron aquellos hombres que el número de tontos sería el mismo, pues borrarían el del rey y pondrían el del burlador.

Vos, señor conde Lucanor, si no deseáis que os tengan por tonto, no arriesguéis vuestra fortuna por algo cuyo resultado sea incierto, pues, si la perdéis confiando conseguir más bienes, tendréis que arrepentiros durante toda la vida.

Al conde le agradó mucho este consejo, lo siguió y le fue muy bien.

Y viendo don Juan que este cuento era bueno, lo mandó poner en este libro y compuso unos versos que dicen así:

Jamás aventures o arriesgues tu riqueza
por consejo de hombre que vive en la pobreza.

Ejemplo XXI. Lo que sucedió a un rey joven con un filósofo a quien su padre lo había encomendado

Otra vez, hablando el conde Lucanor con Patronio, su consejero, le dijo:

—Patronio, yo tenía un pariente a quien quería mucho, y a su muerte dejó un hijo muy pequeño, que se ha criado conmigo. Por la gratitud y el cariño que siempre tuve a su padre, y también porque espero que él me ayude cuando su edad se lo permita, sabe Dios que lo quiero como a un hijo. Aunque este muchacho es muy inteligente y con el tiempo será de la nobleza, me gustaría mucho que su juventud no lo llevase por malos caminos, pues la inexperiencia de los jóvenes los engaña y no les deja ver lo más conveniente. Por vuestro buen entendimiento, os ruego que me digáis la manera de conseguir que este mancebo haga siempre lo más conveniente para su cuerpo y para su hacienda, porque no querría que fuera víctima de su propia juventud.

—Señor conde Lucanor —dijo Patronio—, para que podáis hacer por este mancebo lo que creo mejor para él, me gustaría que supierais lo que le pasó a un gran filósofo con un rey joven, al que había educado.

El conde le preguntó lo que había sucedido.

—Señor conde Lucanor —dijo Patronio—, había un rey que tenía un hijo y lo encomendó a un filósofo de toda su confianza, para que se educara junto a él. Cuando el rey murió, el infante era todavía muy pequeño y siguió siendo educado por el filósofo hasta cumplir los quince años. Pero, al entrar en la juventud, aquel muchacho comenzó a despreciar las enseñanzas del sabio y a seguir las de otros consejeros que, como no querían a sus pupilos ni tampoco tenían obligaciones con ellos, no se preocupaban por alejarlos del mal. Siguiendo el joven rey ese camino, en muy poco tiempo pudo verse cómo su salud y su hacienda estaban arruinándose. Todo el mundo lo criticaba por perder su salud y malgastar su hacienda. Como la situación era cada vez peor, el sabio que lo había educado sintió gran dolor y pesar, pues no sabía ya qué hacer después de haber intentado muchas veces corregirlo con ruegos y súplicas, e incluso con dureza, sin conseguir que cambiase de vida ya que su juventud le impedía ser más consciente. Comprendiendo el filósofo que solo le quedaba un remedio para corregirlo, pensó actuar como oiréis.

Empezó el filósofo a decir de vez en cuando en la corte que él podía leer el futuro en el vuelo y canto de las aves, sin que nadie en el mundo lo aventajara. Tantos y tantos nobles se lo escucharon que el hecho llegó a oídos del joven rey, el cual, cuando lo supo, preguntó al sabio si era cierto que interpretaba el canto de las aves tan bien como se decía en palacio. Aunque el filósofo quiso negarlo en principio, al fin reconoció ser verdad, pero le aconsejó que nadie lo supiese. Como los jóvenes siempre están impacientes por saber y por hacer las cosas, el rey, que era joven, estaba ansioso por ver cómo interpretaba los agüeros aquel filósofo; por eso, cuanto el sabio más lo dilataba, tanto más le insistía el rey, que consiguió salir un día muy de mañana con el filósofo para escuchar las aves sin que nadie lo supiera.

Aquel día madrugaron mucho. El filósofo se encaminó con el rey por un valle donde había numerosas aldeas yermas y abandonadas y, después de pasar por muchas, vieron una corneja que graznaba desde un árbol. El rey se la mostró al filósofo, que hizo como si la entendiese.

Otra corneja comenzó también a graznar en otro árbol y ambas estuvieron graznando, unas veces la de la derecha y otras la de la izquierda. Después de escucharlas un rato, el sabio filósofo comenzó a llorar amargamente, a romper sus vestiduras y a dar grandes muestras de dolor. Cuando el rey mozo así lo vio, quedó muy asustado y preguntó al filósofo por qué lo hacía. El sabio, sin embargo, quiso ocultarle los motivos, pero tanto le insistió el joven rey que el filósofo le respondió que más quisiera estar muerto que vivo, porque no solo los hombres sino también las aves sabían ya que, por su falta de prudencia, perdería tierra y hacienda y todos harían escarnio de su nombre. El rey joven le pidió que se lo explicara. Le contestó el sabio que aquellas dos cornejas habían acordado casar a sus hijos y la que había hablado primero le dijo a la segunda que, como el matrimonio estaba concertado desde hacía mucho tiempo, había llegado el momento de celebrarlo. La otra corneja le contestó que era verdad que lo habían acordado, mas ahora, gracias a Dios, ella era más rica que la otra, pues desde que reinaba aquel joven rey estaban abandonadas todas las aldeas del valle, por lo cual ella encontraba muchas culebras, lagartos, sapos y otros animales que se crían en lugares abandonados, y con todos ellos tenía más y mejor comida, por lo que ya no era este casamiento entre iguales. La otra corneja, al escuchar a su comadre, empezó a reír y le dijo que hablaba sin buen juicio si por ese motivo quería posponer el casamiento, pues, si Dios dejaba vivir más a ese rey, ella sería mucho más rica porque el valle donde vivía, que tenía diez veces más aldeas, quedaría abandonado, por lo cual no había motivo para aplazar el casamiento. Y así acordaron celebrar en seguida las bodas.

Cuando esto oyó el rey joven, se disgustó mucho y empezó a pensar cómo había llegado su reino a tal estado. Viendo el filósofo la tristeza y la preocupación del rey y que verdaderamente quería enmendarse, le dio muy sabios consejos, de manera que en muy poco tiempo el rey cambió de vida mejorando así su reino y su propia salud.

Vos, señor conde, pues habéis criado a ese mancebo y queréis llevarlo por el buen camino, buscad el modo de que con buenas palabras y con buenos ejemplos entienda cómo debe ocuparse de sus asuntos; pero nunca lo intentéis con insultos o castigos, pensado que así podréis corregirlo, porque es tal la condición de los jóvenes que en seguida aborrecen a quien los atosiga con recomendaciones, sobre todo si es persona de alcurnia, pues lo toman como una ofensa sin darse cuenta de su error, pues no hay mejor amigo que quien amonesta a los jóvenes para que no busquen su propio daño, aunque ellos no lo entienden así y se dan por ofendidos. Si os portáis duramente con él, nacerá entre los dos tanta antipatía que solo os reportará perjuicios en adelante.

Al conde le agradó mucho este consejo de Patronio, obró según él y le fue muy bien.

Y como a don Juan le gustó mucho este cuento, lo mandó poner en este libro e hizo los versos que dicen así:

> No amonestes al joven con dureza,
> muéstrale su camino con franqueza.

Ejemplo XXII. Lo que sucedió al león y al toro

Hablaba otra vez el conde Lucanor con Patronio, su consejero, y le dijo así:

—Patronio, tengo un amigo muy poderoso y muy ilustre, del que hasta ahora solo he recibido favores, pero me dicen que no solo he perdido su estimación sino que, además, busca motivos para venir contra mí. Por eso tengo dos grandes preocupaciones: si se levanta contra mí, me puede ser muy perjudicial; y si, por otra parte, descubre mis sospechas y mi alejamiento, él hará otro tanto, por lo cual nuestras desavenencias irán en aumento y romperemos nuestra amistad. Por la gran confianza que siempre me habéis merecido, os ruego que me aconsejéis lo más prudente para mí en este asunto.

—Señor conde Lucanor —dijo Patronio—, para que podáis evitaros todo eso, me gustaría que supierais lo que sucedió al león y al toro.

El conde le rogó que se lo contara.

—Señor conde Lucanor —dijo Patronio—, el león y el toro eran muy amigos y, como los dos son muy fuertes y poderosos, dominaban y sometían a los demás animales; pues el león, ayudado por el toro, reinaba sobre todos los animales que comen carne, y el toro, con la ayuda del león, lo hacía sobre todos los que comen hierba. Cuando todos los animales comprendieron que el león y el toro los dominaban por la ayuda que se prestaban el uno al otro, y que ello les producía graves daños, hablaron entre sí para ver la forma de acabar con su tiranía. Vieron que, si lograban desavenir al león y al toro, podrían romper el yugo de su dominio, por lo cual los animales rogaron a la zorra y al carnero, que eran los privados del león y del toro respectivamente, que buscasen el medio de romper su alianza. La zorra y el carnero prometieron hacer cuanto pudiesen para conseguirlo.

La zorra, consejera del león, pidió al oso, que es el animal más fuerte y poderoso de los que comen carne después del león, que le dijera a este cómo el toro hacía ya tiempo que buscaba hacerle mucho daño, por lo cual, y aunque no fuera verdad pues se lo habían dicho hacía ya varios días, debía estar precavido.

Lo mismo dijo el carnero, consejero del toro, al caballo, que es el animal más fuerte entre los que se alimentan de hierba después del toro.

El oso y el caballo dieron este aviso al león y al toro, que aunque no lo creyeron del todo, pues algo sospechaban de quienes eran casi tan fuertes como ellos, creyendo que buscaban su desavenencia, no por ello dejaron de sentir cierto recelo mutuo. Por lo cual, los dos, león y toro, hablaron con la zorra y con el carnero, que eran sus privados. Estos dijeron a sus señores que quizás el oso y el caballo les habían contado aquello para engañarlos, pero no obstante les aconsejaban observar bien dichos y hechos que de allí en adelante hicieran el león y el toro, para que cada uno obrase según lo que viera en el otro.

Al oír esto, creció la sospecha entre el león y el toro, por lo que los demás animales, viendo que aquellos empezaban a recelar el uno del otro, empezaron a propagar abiertamente sus desconfianzas, que, sin duda, eran debidas a la mala intención que cada uno guardaba contra el otro.

La zorra y el carnero, que solo buscaban su conveniencia como falsos consejeros y habían olvidado la lealtad que debían a sus señores, en lugar de decirles la verdad, los engañaron. Tantas veces previnieron al uno contra el otro que la amistad entre el león y el toro se trocó en mutua aversión; los animales, al verlos así enemistados, pidieron una y otra vez a sus jefes que entrasen en guerra y, aunque les daban a entender que solo miraban por sus intereses, buscaban los propios, haciendo y consiguiendo que todo el daño cayese sobre el león y el toro.

Así acabó esta lucha: aunque el león hizo más daño al toro, disminuyendo mucho su poder y su autoridad, salió él tan debilitado que ya nunca pudo ejercer su dominio sobre los otros animales de su especie ni sobre los de otras distintas, ni cogerlos para sí como antes. Así, dado que el león y el toro no comprendieron que, gracias a su amistad y a la ayuda que se prestaban el uno al otro, eran respetados y temidos por el resto de los animales, y porque no supieron conservar su alianza, desoyendo los malos consejos que les daban quienes querían sacudirse su yugo y conseguir, en cambio, que fueran el león y el toro los sometidos, estos quedaron tan debilitados que, si antes eran ellos señores y dominadores, luego fueron ellos los sojuzgados.

Vos, señor conde Lucanor, evitad que quienes os hacen sospechar de vuestro amigo consigan que rompáis con él, como hicieron los animales con el león y el toro. Por ello os aconsejo que, si ese amigo vuestro es persona leal y siempre os ha favorecido con buenas obras, dando pruebas de su lealtad, y si tenéis con él la misma confianza que con un buen hijo o con un buen hermano, no creáis nada que os digan en su contra. Por el contrario, será mejor que le digáis las críticas que os hagan de él, con la seguridad de que os contará las que le lleguen de vos, castigando además a quienes urdan esas mentiras para que otros no se atrevan a levantar falsos testimonios. Pero si se trata de una persona que cuenta con vuestra amistad solo por un tiempo, o por necesidad, o solo casualmente, no hagáis ni digáis nada que pueda llevarle a pensar que sospecháis de él o que podéis retirarle vuestro favor, mas disimulad sus errores, que de ninguna manera podrá haceros tanto daño que no podáis prevenirlo con tiempo suficiente, como sería el que recibiríais si rompéis vuestra alianza por escuchar a los malos consejeros, como ocurrió en el cuento. Además, a ese amigo hacedle ver con buenas palabras cuán necesaria es la colaboración mutua y recíproca para él y para vos; así, haciéndole mercedes y favores y mostrándole vuestra buena disposición, no recelando de él sin motivo, no creyendo a los envidiosos y embusteros y demostrándole que tanto necesitáis su ayuda como él la vuestra, durará la amistad entre los dos y ninguno caerá en el error en que cayeron el león y el toro, lo que les llevó a perder todo su dominio sobre los demás animales.

Al conde le gustó mucho este consejo de Patronio, obró de acuerdo con sus enseñanzas y le fue muy bien.

Y viendo don Juan que el cuento era muy bueno, lo mandó escribir en este libro e hizo unos versos que dicen así:

Por dichos y por obras de algunos mentirosos,
no rompas tu amistad con hombres provechosos.

Ejemplo XXIII. Lo que hacen las hormigas para mantenerse

Otra vez hablaba el conde Lucanor con Patronio, su consejero, de este modo:

—Patronio, como todos saben y gracias a Dios, soy bastante rico. Algunos me aconsejan que, como puedo hacerlo, me olvide de preocupaciones y me dedique a descansar y a disfrutar de la buena mesa y del buen vino, pues tengo con qué mantenerme y aun puedo dejar muy ricos a mis herederos. Por vuestro buen juicio os ruego que me aconsejéis lo que debo hacer en este caso.

—Señor conde Lucanor —dijo Patronio—, aunque el descanso y los placeres son buenos, para que hagáis en esto lo más provechoso, me gustaría mucho que supierais lo que hacen las hormigas para mantenerse.

El conde le pidió que se lo contara y Patronio le dijo:

—Señor conde Lucanor, ya sabéis qué diminutas son las hormigas y, aunque por su tamaño no cabría pensarlas muy inteligentes, veréis cómo cada año, en tiempo de siega y trilla, salen ellas de sus hormigueros y van a las eras, donde se aprovisionan de grano, que guardan luego en sus hormigueros. Cuando llegan las primeras lluvias, las hormigas sacan el trigo fuera, diciendo las gentes que lo hacen para que el grano se seque, sin darse cuenta de que están en un error al decir eso, pues bien sabéis vos que, cuando las hormigas sacan el grano por primera vez del hormiguero, es porque llegan las lluvias y comienza el invierno. Si ellas tuviesen que poner a secar el grano cada vez que llueve, trabajo tendrían, además de que no podrían esperar que el Sol lo secara, ya que en invierno queda oculto tras las nubes y no calienta nada.

Sin embargo, el verdadero motivo de que pongan a secar el grano la primera vez que llueve es este: las hormigas almacenan en sus graneros cuanto pueden solo una vez, y solo les preocupa que estén bien repletos.

Cuando han metido el grano en sus almacenes, se juzgan a salvo, pues piensan vivir durante todo el invierno con esas provisiones. Pero al llegar la lluvia, como el grano se moja, empieza a germinar; las hormigas, viendo que, si crece dentro del hormiguero, el grano no les servirá de alimento sino que les causará graves daños e incluso la muerte, lo sacan fuera y comen el corazón de cada granito, que es de donde salen las hojas, dejando solo la parte de fuera, que les servirá de alimento todo el año, pues por mucho que llueva ya no puede germinar ni taponar con sus raíces y tallos las salidas del hormiguero.

También veréis que, aunque tengan bastantes provisiones, siempre que hace buen tiempo salen al campo para recoger las pequeñas hierbecitas que encuentran, por si sus reservas no les permitieran pasar todo el invierno. Como veis, no quieren estar ociosas ni malgastar el tiempo de vida que Dios les concede, pues se pueden aprovechar de él.

Vos, señor conde, si la hormiga, siendo tan pequeña, da tales muestras de inteligencia y tiene tal sentido de la previsión, debéis pensar que no existe motivo para que ninguna persona —y sobre todo las que tienen responsabilidades de gobierno y han de velar por sus grandes señoríos— quiera vivir siempre de lo que ganó, pues por muchos que sean los bienes no durarán demasiado tiempo si cada día los gasta y nunca los repone. Además, eso parece que se haga por falta de valor y de energía para seguir en la lucha. Por tanto, debo aconsejar que, si queréis descansar y llevar una vida tranquila, lo hagáis teniendo presente vuestra propia dignidad y honra, y velando para que nada necesario os falte, ya que, si deseáis ser generoso y tenéis mucho que dar, no os faltarán ocasiones en que gastar para mayor honra vuestra.

Al conde le agradó mucho este consejo que Patronio le dio, obró según él y le fue muy provechoso.

Y como a don Juan le gustó el cuento, lo mandó poner en este libro e hizo unos versos que dicen así:

No comas siempre de lo ganado,
pues en penuria no morirás honrado.

Ejemplo XXIV. Lo que sucedió a un rey que quería probar a sus tres hijos

Un día hablaba el conde Lucanor con Patronio, su consejero, y le dijo:

—Patronio, en mi casa se crían y educan muchos mancebos, que son hijos de grandes señores o de simples hidalgos, y en los cuales puedo ver cualidades muy diferentes. Por vuestro buen juicio y hasta donde os sea posible, os ruego que me digáis quiénes de esos mancebos llegarán a ser hombres cabales.

—Señor conde —contestó Patronio—, esto que me decís es difícil saberlo con certeza, pues no podemos conocer las cosas que están por venir y lo que preguntáis es cosa futura, por lo que no podemos saberlo con certidumbre; mas lo poco que de esto podemos intuir es por ciertos rasgos que aparecen en los jóvenes, tanto por dentro como por fuera. Así podemos observar por fuera que la cara, la apostura, el color, la forma del cuerpo y de los miembros son un reflejo de la constitución de los órganos más importantes, como el corazón, el cerebro o el hígado. Aunque son señales, nada podemos saber por ellas con exactitud, pues pocas veces concuerdan estas, ya que, si unas apuntan una cualidad, otras indican la contraria; con todo, las cosas suelen suceder según los indicios de estas señales.

Los indicios más seguros son la cara y, sobre todo, la mirada, así como la apostura, que muy pocas veces nos engañan. No penséis que se llama apuesto al ser un hombre guapo o feo, pues muchos hombres son bellos y gentiles y no tienen apostura de hombre, y otros, que parecen feos, tienen mucha gracia y atractivo.

La forma del cuerpo y de los miembros son señales de la constitución del hombre y nos indican si será valiente o cobarde; aunque, con todo, estas señales no revelan con certeza cómo serán sus obras. Como os digo, son simples señales y ello quiere decir que no son muy seguras, pues la señal solo nos hace presumir que pueda ocurrir así. En fin, estas son las señales externas, que siempre resultan poco fiables para responder a lo que me preguntáis. Sin embargo, para conocer a los mancebos, son mucho más indicativas las señales interiores, y así me gustaría que supieseis cómo probó un rey moro a sus tres hijos, para saber quién habría de ocupar el trono a su muerte.

El conde le rogó que así lo hiciera.

—Señor conde Lucanor —dijo Patronio—, un rey moro tenía tres hijos y, como el padre puede dejar el trono al hijo que quiera, cuando se hizo viejo, los hombres más ilustres de su reino le rogaron que indicara cuál de sus tres hijos le sucedería en el trono. El rey contestó que, pasado un mes, les daría la respuesta.

Al cabo de unos días, una tarde dijo el rey a su hijo mayor que al día siguiente, de madrugada, quería cabalgar y deseaba que lo acompañara. Aquella mañana, llegó el infante mayor a la cámara del rey, pero no tan pronto como su padre le había ordenado. Cuando llegó, le dijo el rey que quería vestirse y que le hiciera traer la ropa; el infante mandó al camarero que la trajese, pero el camarero le preguntó qué ropa quería el rey. El infante volvió a preguntárselo a su padre, el cual respondió que quería la aljuba; el infante volvió y dijo al camarero que el rey quería la aljuba. El camarero le preguntó qué manto llevaría el rey, y el infante hubo de regresar junto al monarca para preguntárselo. Así ocurrió con cada vestidura, yendo y viniendo el infante con las preguntas, hasta que el rey lo tuvo preparado todo. Entonces vino el camarero, que vistió y calzó al monarca.

Cuando el rey estuvo ya vestido y calzado, mandó al infante que le hiciera traer un caballo, y el infante se lo dijo al caballerizo; este le preguntó qué caballo quería el rey. El infante volvió a preguntárselo a su padre, y lo mismo ocurrió con la silla de montar, el freno, la espada y las espuelas; es decir, con todos los aparejos necesarios para cabalgar, preguntándole siempre al rey lo que quería.

Cuando ya estaba todo preparado, dijo el rey al infante que no podía dar el paseo a caballo, pero que fuera él por la ciudad y se fijara bien en todas las cosas que viera, para que luego se las contara.

El infante cabalgó en compañía de los hombres más ilustres de la corte y con músicos que tocaban tambores, timbales y toda clase de instrumentos. El infante dio un paseo por la ciudad y, cuando volvió junto al rey, este le preguntó qué opinaba de lo que había visto; le contestó el infante que todo estaba muy bien, salvo los timbales y tambores, que hacían mucho ruido.

Pasados algunos días, el rey mandó al hijo segundo que fuese a su cámara por la mañana. El infante así lo hizo. El rey lo sometió a las mismas pruebas que al hermano mayor; el segundo obró como su hermano y respondió con las mismas palabras de su hermano.

Y al cabo de pocos días, el rey mandó al hijo menor que viniese a verlo muy temprano. El infante madrugó mucho y se fue a las habitaciones del rey, donde esperó a que el rey despertara. Cuando su padre estuvo dispuesto, entró en la cámara real el hijo menor, que se postró ante su padre en señal de sumisión y respeto. El rey le ordenó que le trajeran la ropa. El infante le preguntó lo que quería ponerse para vestir y calzar, y de una sola vez fue por todo y se lo trajo, no queriendo ni permitiendo que nadie le vistiera sino él, con lo que daba a entender que se sentía orgulloso de que su padre, el rey, se viera cuidado y atendido solamente por él, pues era su padre y merecía cuantas atenciones le pudiera otorgar.

Cuando el rey ya estaba vestido y calzado, ordenó al infante que hiciera traer su caballo. El infante le preguntó qué caballo deseaba, así como todo lo necesario para cabalgar, como la silla, el freno y la espada; también le preguntó quién quería que lo acompañase y cuantas cosas podía necesitar. Hecho esto, de una sola vez lo trajo todo y lo dispuso como el rey había ordenado.

Cuando estaba todo dispuesto, el rey dijo al infante que no quería salir a pasear, que fuera él solo y que luego le contase todo cuanto viera. El infante salió a caballo acompañado por cortesanos y caballeros como lo habían hecho sus dos hermanos. Ninguno de ellos sabía qué pretendía el rey actuando así.

Cuando el infante salió, mandó que le enseñaran el interior de la ciudad, las calles, el lugar donde se guardaba el tesoro real, las mezquitas y todos los monumentos; también preguntó cuántas personas vivían allí. Después salió fuera de las murallas y mandó que lo acompañasen todos los hombres de armas, de a pie y de a caballo, pidiéndoles que combatieran y le hicieran una demostración de su habilidad con las armas y cuantos ejercicios de ataque y defensa supieran. Luego revisó murallas, torres y fortalezas de la ciudad y, cuando lo hubo visto todo, volvió junto a su padre el rey.

Regresó a palacio entrada la noche. El rey le preguntó por las cosas que había visto, contestándole el infante que, con su permiso, le diría la verdad. El rey, su padre, le ordenó que se la dijera, so pena de perder su bendición. El infante le respondió que, aunque lo consideraba un buen rey, no lo era tanto, pues si lo hubiera sido, como tenía tan buenos soldados y caballeros, tanto poder y tantos bienes, ya habría conquistado todo el mundo.

Al rey le agradó mucho esta crítica sincera y aguda que le hizo el infante, por lo que, al llegar el plazo que había señalado a sus nobles, les señaló como heredero al hijo menor.

El rey, señor conde, actuó así por las señales que vio en cada uno de sus hijos, pues, aunque hubiera preferido que le sucediera cualquiera de los otros dos, no lo juzgó acertado y eligió al menor por su prudencia.

Y vos, señor conde, si queréis saber qué mancebo será hombre más valioso, fijaos en estas cosas y así podréis intuir algo y aun bastante de lo que cada uno llegará a ser.

Al conde le agradó mucho lo que Patronio le contó.

Y como don Juan pensó que era un buen cuento, lo mandó poner en este libro e hizo estos versos que dicen así:

> Por palabras y hechos bien podrás conocer,
> en jóvenes mancebos, qué llegarán a ser.

Ejemplo XXV. Lo que sucedió al conde de Provenza con Saladino, que era sultán de Babilonia

El conde Lucanor hablaba otra vez con Patronio, su consejero, de esta manera:

—Patronio, un vasallo mío me dijo el otro día que quería casar a una parienta suya; y que, así como él estaba obligado a aconsejarme siempre lo más prudente, me pedía como merced que le aconsejara lo que yo creyera más conveniente para él. También me ha dicho quiénes son los que querrían casarse con su parienta. Como deseo que este buen hombre haga lo mejor para su familia y para su parienta, os ruego que me digáis lo que os parece de este asunto, pues vos sabéis mucho de tales cosas, de modo que yo pueda darle un buen consejo que le vaya bien.

—Señor conde Lucanor —dijo Patronio—, para que siempre podáis aconsejar bien a quienes hayan de casar a una parienta suya, me gustaría mucho que supierais lo que le sucedió al conde de Provenza con Saladino, que era sultán de Babilonia.

El conde Lucanor le rogó que le contase lo que había ocurrido.

—Señor conde Lucanor —dijo Patronio—, había un conde en Provenza que era muy bueno y deseaba hacer buenas obras para salvar su alma y ganar la gloria del paraíso con hazañas que aumentasen su honra y engrandeciesen el nombre de su patria. Para lograrlo, reunió un gran ejército muy bien armado y partió a Tierra Santa, pensando que, sucediera lo que sucediera, podría sentirse dichoso, pues lo hacía para servir y honrar a Dios. Mas como los juicios de Dios son sorprendentes e insondables, y Dios Nuestro Señor prueba con frecuencia a sus elegidos, para que sepan sufrir la adversidad con resignación, pues Él siempre hace que todo redunde en su bien y provecho, así quiso Dios tentar al conde de Provenza y permitió que cayera prisionero del sultán Saladino.

Aunque el conde vivía como cautivo, Saladino, conociendo su bondad, lo trataba muy bien, le respetaba sus honores y le pedía consejo en todos los asuntos importantes. Tan bien le aconsejaba el conde y tanto confiaba el sultán en él que, aunque estaba prisionero, tenía tanto poder y tanta influencia en las tierras de Saladino como en las suyas propias.

Cuando el conde partió de su tierra, dejó una hija muy pequeña. Tanto tiempo estuvo el conde en prisión, que su hija llegó a la edad de casarse, por lo cual la condesa, su mujer, y sus parientes le escribieron diciéndole cuántos hijos de reyes y de otros grandes señores la pedían en matrimonio.

Un día, cuando Saladino fue a pedir consejo al conde, después de haberle aconsejado al sultán en el asunto que quería, le habló el conde de este modo.

—Señor, vos me habéis concedido tantas mercedes y honra, y confiáis tanto en mí, que yo me tendría por afortunado si pudiera hacer algo para corresponderos. Y pues vos, señor, tenéis a bien que yo os aconseje en los asuntos más importantes, acogiéndome a vuestra gracia y confiando en vuestro entendimiento, os pido vuestro consejo en algo que me sucede.

El sultán agradeció mucho estas palabras del conde, respondiéndole que le aconsejaría muy gustoso, e incluso que le ayudaría si fuera necesario.

Alentado por este ofrecimiento del sultán, el conde le habló de las propuestas de matrimonio que había recibido su hija, y pidió que le dijera quién debía ser el elegido.

Saladino le respondió:

—Conde, yo os considero tan inteligente que, con deciros pocas palabras, podréis comprender perfectamente; os aconsejaré en este asunto según lo entiendo yo. Como no conozco a todos los que solicitan la mano de vuestra hija, ni su linaje o poder, ni sus prendas personales, ni la distancia entre sus tierras y las vuestras, ni en qué superan los unos a los otros, no puedo daros un consejo demasiado concreto, y así solo os diré que caséis a vuestra hija con un hombre.

El conde se lo agradeció, pues comprendió muy bien lo que le quería decir.

Luego escribió a su esposa y parientes, a los que refirió el consejo del sultán, y les dijo que averiguaran cuántos hidalgos había en sus tierras, cuáles eran sus costumbres, cualidades y virtudes, sin mirar sus riquezas o su poder, y que, por escrito, le dijeran también cómo eran los hijos de los reyes y de los grandes señores, así como los demás hidalgos que vivían allí y que la pedían en matrimonio.

La condesa y los parientes del conde se quedaron muy sorprendidos de esta respuesta, pero hicieron lo que les mandaba y pusieron por escrito las cualidades y costumbres —buenas y malas— de cada uno de los pretendientes, así como las demás circunstancias que sabían de ellos. También le indicaron cómo eran los hidalgos de aquellas comarcas, y todo lo hicieron llegar al conde.

Al recibir el conde este escrito, se lo mostró al sultán y, al leerlo Saladino, aunque todos los pretendientes eran muy buenos, encontró algunos defectos en los hijos de los reyes o de los grandes señores, pues unos eran glotones o borrachos, otros coléricos, otros huraños, otros orgullosos, otros amigos de malas compañías, otros tartamudos y otros, en fin, tenían otros defectos. El sultán halló, sin embargo, que el hijo de un rico hombre, que no era el más poderoso, por lo que del mancebo se decía en el informe, era el mejor hombre, el más cumplido y perfecto de cuantos había oído hablar en su vida; en consecuencia, el sultán aconsejó al conde que casara a su hija con aquel hombre, pues sabía que, aunque los otros eran de más abolengo y más distinguidos que él, estaría mejor casada con este que con ninguno de los que tenían uno o varios defectos, ya que pensaba el sultán que el hombre era más de estimar por sus obras que por la riqueza o por la nobleza de su linaje.

El conde mandó decir a la condesa y a sus parientes que casaran a su hija con el mancebo que Saladino había aconsejado. Y aunque se asombraron mucho de ello, hicieron llamar al hijo de aquel rico hombre y le contaron lo que el conde les había dicho. El joven les respondió que sabía muy bien que el conde era superior, más rico y más noble que él, pero que, si él fuera tan poderoso como el conde, cualquier mujer podría sentirse feliz casada con él, diciéndoles también que, si le daban esta respuesta por no acceder a sus pretensiones, sería porque buscasen su deshonra sin motivo alguno y le harían una gran afrenta. Ellos le replicaron que de verdad querían ese matrimonio, y le contaron cómo el sultán había aconsejado al conde que otorgase su hija a aquel mancebo antes que a ningún hijo de rey o de grandes señores, por ser él muy hombre. Al oír esto, el mancebo comprendió que consentían en su matrimonio y pensó que, si Saladino lo había elegido por ser hombre cabal, haciéndole llegar a tan gran honra, no lo sería si no se comportara con arreglo a las circunstancias.

Por eso pidió a la condesa y parientes del conde que, si querían que los creyese, le entregaran en seguida el gobierno del condado y todas sus rentas, sin decirles nada de lo que había pensado hacer. Ellos accedieron a sus pretensiones y le otorgaron los poderes que pedía. Él apartó una gran cantidad de dinero y, con mucho secreto, armó muchas galeras, guardándose una importante suma. Hecho todo esto, fijó la fecha para el casamiento.

Celebraron las bodas con todo lujo y esplendor. Al llegar la noche, marchó hacia la casa donde estaba su mujer y, antes de consumar el matrimonio, llamó a la condesa y a sus parientes, a quienes dijo en secreto que bien sabían que el conde lo había preferido frente a otros más nobles porque el sultán le aconsejó que casara a su hija con un hombre, y que, pues el sultán y el conde tanta honra le habían hecho y lo habían elegido por esta razón, no se tendría él por muy hombre si no hiciera lo que era obligado; por ello les dijo que había de partir, dejándoles aquella doncella, que había tomado en matrimonio, así como el gobierno del condado, pues confiaba en que Dios le guiaría de tal manera que todo el mundo pudiese ver que se había portado como un hombre.

Dicho esto, montó a caballo y se fue a la buena ventura. Se dirigió al reino de Armenia, donde vivió mucho tiempo hasta que aprendió la lengua y las costumbres de aquella tierra. Allí se enteró de que Saladino era muy amante de la caza.

Cogió muchas y buenas aves de cetrería, muchos y buenos perros y se dirigió hacia donde estaba Saladino, dividiendo sus naves y enviándolas una a cada puerto, con la orden de no partir hasta que él lo mandase.

Cuando llegó al sultán, fue muy bien recibido en la corte, pero ni le besó la mano ni le rindió pleitesía, como debe hacerse ante el señor. El sultán Saladino mandó darle cuanto necesitara y él se lo agradeció mucho, pero no quiso aceptar nada, diciéndole que no había ido en busca de ayuda, sino atraído por su fama; por lo cual, si él quisiera, le gustaría pasar algún tiempo viviendo con él para aprender alguna de sus preciadas virtudes y cualidades, así como las de su pueblo. También dijo al sultán que, como conocía su afición por la caza, él traía muchas y muy buenas aves, además de perros muy rápidos, de los que podría escoger los que más le gustasen, quedándose él con el resto para acompañarlo en las cacerías y servirle en aquel ejercicio o en otro cualquiera.

Saladino le agradeció mucho todo esto y cogió lo que le pareció bien, pero no pudo conseguir que el otro aceptara ningún regalo ni le contara nada de sus ocupaciones, ni se vinculara a Saladino por ninguna obligación de vasallaje. De esta manera permaneció viviendo con él mucho tiempo.

Como Dios dispone las cosas al fin que quiere y según su voluntad, quiso que, en una cacería, se lanzaran los halcones tras unas grullas, a las que dieron alcance en un puerto donde estaba recalada una de las galeras que el yerno del conde había distribuido. El sultán, que montaba un caballo muy bueno, y su acompañante se alejaron tanto del resto de su gente que ninguno pudo seguirlos. Cuando llegó Saladino a donde los halcones estaban peleando con la grulla, bajó rápidamente de su caballo para ayudarles. El yerno del conde, que venía con él, cuando así lo vio en tierra, llamó a los hombres de su galera. El sultán, que no se fijaba sino en la pelea de los halcones, cuando se vio rodeado por gente armada, quedó muy asombrado. El yerno del conde desenvainó la espada e hizo como si le atacase. Al verlo Saladino venir contra él, comenzó a lamentarse, diciendo que cometía una gran traición. El yerno del conde le respondió que no pidiese ayuda a Dios, pues bien sabía él que nunca lo había tenido como a su señor, ni había querido aceptar nada de él, ni existía entre ellos vínculo que lo obligara a la lealtad, sino que todo era como Saladino había dispuesto.

Dicho esto, lo capturó, lo llevó a la galera y, cuando ya estaba dentro, dijo que él era el yerno del conde, el mismo que el sultán había preferido entre otros mejores por ser más hombre y que, como él lo había elegido por esta razón, no se tendría por hombre si no hubiera obrado así. Luego le rogó que devolviese la libertad a su suegro, para que viese cómo el consejo que él le había dado era bueno y verdadero, y cómo daba buenos frutos.

Cuando Saladino oyó esto, dio muchas gracias a Dios y se alegró más de haber acertado en el consejo que dio al conde que si le hubiera acontecido una hazaña muy honrosa, por grande que esta fuese. El sultán respondió al yerno del conde que lo pondría inmediatamente en libertad.

El yerno del conde, fiando en la palabra del sultán, lo sacó luego de la galera y se fue con él, mandando a los hombres de la galera que se alejasen tanto del puerto que nadie pudiera verlos cuando llegara allí.

El sultán y el yerno del conde dejaron a los halcones cebarse en las grullas y, cuando llegaron junto a ellos los hombres del sultán, encontraron a este muy alegre, pero no le dijo a ninguno lo que entre ellos había sucedido.

Cuándo llegaron a la villa, el sultán detuvo su caballo frente a la casa donde el conde estaba prisionero, bajó de su montura y, llevando consigo al yerno del conde, le dijo muy alegre:

—Conde, doy gracias a Dios por haberme permitido acertar cuando os aconsejé sobre el matrimonio de vuestra hija. Mirad a vuestro yerno, pues él os ha sacado de prisión.

Después le contó cómo se había comportado su yerno, la prudencia y el esfuerzo que había demostrado para apoderarse de él, y cómo luego confió en su palabra.

El sultán, el conde y cuantos esto supieron alabaron mucho el entendimiento, el esfuerzo y la lealtad del yerno del conde, así como las bondades de Saladino, y el conde dio gracias a Dios por haber dispuesto todo tan felizmente.

Entonces el sultán ofreció muchos y ricos presentes al conde y a su yerno, y dio al primero, como compensación por su cautividad, el doble de lo que importaban las rentas de su condado mientras estuvo en prisión, volviendo el conde a su tierra muy feliz y muy rico.

Todo esto sucedió al conde por el buen consejo que le dio el sultán, al decirle que casara a su hija con un verdadero hombre.

Y vos, señor conde Lucanor, pues debéis aconsejar a vuestro vasallo para que sepa con quién casar a su parienta, aconsejadle que cuide de que su futuro esposo sea, ante todo, un verdadero hombre, porque, si no lo es, por muy rico, hidalgo o distinguido que sea, nunca se tendrá por bien casada. También debéis saber que el hombre bueno acrecienta su honra, da honra a su linaje y aumenta sus bienes. Sabed también que, no por ser de alta estirpe o de gran nobleza, si el hombre no es esforzado y leal, podrá mantenerse en tal estado. Podría contaros muchas historias de hombres notables a quienes sus padres dejaron ricos y honrados, que, por no ser como debían, perdieron bienes y honores; aunque también los hubo que, de origen más modesto o de antepasados muy ilustres, aumentaron tanto su hacienda y su honra con su esfuerzo y valía que son más considerados por lo que ellos hicieron y consiguieron que por la nobleza de su estirpe.

Tened por cierto que, tanto las ventajas como los inconvenientes, nacen de la propia condición del hombre, y no de su origen, por muy humilde que sea. Por ello os digo que lo más importante en los matrimonios son las costumbres, la inteligencia y la educación que tienen el hombre y la mujer. Sabed, por último, que tanto mejor y más provechoso será el casamiento, cuanto más distinguido sea el linaje, mayor la riqueza, más hermosa la apostura y más estrecha la relación existente entre las dos familias.

Al conde le agradaron mucho estos razonamientos que Patronio le hizo, y pensó que eran verdaderos.

Y viendo don Juan que este cuento era muy bueno, lo hizo escribir en este libro e hizo los versos que dicen así:

El verdadero hombre logra todo en su provecho,
mas el que no lo es pierde siempre sus derechos.

Ejemplo XXVI. Lo que sucedió al árbol de la Mentira

Un día hablaba el conde Lucanor con Patronio, su consejero, y le dijo:

—Patronio, sabed que estoy muy pesaroso y en continua pelea con unos hombres que no me estiman, y son tan farsantes y tan embusteros que siempre mienten, tanto a mí como a quienes tratan. Dicen unas mentiras tan parecidas a la verdad que, si a ellos les resultan muy beneficiosas, a mí me causan gran daño, pues gracias a ellas aumentan su poder y levantan a la gente contra mí. Pensad que, si yo quisiera obrar como ellos, sabría hacerlo igual de bien; pero como la mentira es mala, nunca me he valido de ella. Por vuestro buen entendimiento os ruego que me aconsejéis el modo de actuar frente a estos hombres.

—Señor conde Lucanor —dijo Patronio—, para que hagáis lo mejor y más beneficioso, me gustaría mucho contaros lo que sucedió a la Verdad y la Mentira.

El conde le pidió que así lo hiciera.

—Señor conde Lucanor —dijo Patronio—, la Verdad y la Mentira se pusieron a vivir juntas una vez y, pasado cierto tiempo, la Mentira, que es muy inquieta, propuso a la Verdad que plantaran un árbol, para que les diese fruta y poder disfrutar de su sombra en los días más calurosos. La Verdad, que no tiene doblez y se conforma con poco, aceptó aquella propuesta.

Cuando el árbol estuvo ya plantado y había empezado a crecer frondoso, la Mentira propuso a la Verdad que se lo repartieran entre las dos, cosa que agradó a la Verdad. La Mentira, dándole a entender con razonamientos muy bellos y bien construidos que la raíz mantiene al árbol, le da vida y, por ello, es la mejor parte y la de mayor provecho, aconsejó a la Verdad que se quedara con las raíces, que viven bajo tierra, en tanto ella se contentaría con las ramitas que aún habían de salir y vivir por encima de la tierra, lo que sería un gran peligro, pues estarían a merced de los hombres, que las podrían cortar o pisar, cosa que también podrían hacer los animales y las aves. También le dijo que los grandes calores podrían secarlas, y quemarlas los grandes fríos; por el contrario, las raíces no estarían expuestas a estos peligros.

Al oír la Verdad todas estas razones, como es bastante crédula, muy confiada y no tiene malicia alguna, se dejó convencer por su compañera la Mentira, creyendo ser verdad lo que le decía. Como pensó que la Mentira le aconsejaba coger la mejor parte, la Verdad se quedó con la raíz y se puso muy contenta con su parte. Cuando la Mentira terminó su reparto, se alegró muchísimo por haber engañado a su amiga, gracias a su hábil manera de mentir.

La Verdad se metió bajo tierra para vivir, pues allí estaban las raíces, que ella había elegido, y la Mentira permaneció encima de la tierra, con los hombres y los demás seres vivos. Y como la Mentira es muy lisonjera, en poco tiempo se ganó la admiración de las gentes, pues su árbol comenzó a crecer y a echar grandes ramas y hojas que daban fresca sombra; también nacieron en el árbol flores muy hermosas, de muchos colores y gratas a la vista.

Al ver las gentes un árbol tan hermoso, empezaron a reunirse junto a él muy contentas, gozando de su sombra y de sus flores, que eran de colores muy bellos; la mayoría de la gente permanecía allí, e incluso quienes vivían lejos se recomendaban el árbol de la Mentira por su alegría, sosiego y fresca sombra.

Cuando todos estaban juntos bajo aquel árbol, como la Mentira es muy sabia y muy halagüeña, les otorgaba muchos placeres y les enseñaba su ciencia, que ellos aprendían con mucho gusto. De esta forma ganó la confianza de casi todos: a unos les enseñaba mentiras sencillas; a otros, más sutiles, mentiras dobles; y a los más sabios, mentiras triples.

Señor conde, debéis saber que es mentira sencilla cuando uno dice a otro: «Don Fulano, yo haré tal cosa por vos», sabiendo que es falso. Mentira doble es cuando una persona hace solemnes promesas y juramentos, otorga garantías, autoriza a otros para que negocien por él y, mientras va dando tales certezas, va pensando la manera de cometer su engaño. Mas la mentira triple, muy dañina, es la del que miente y engaña diciendo la verdad.

Tanto sabía de esto la Mentira y tan bien lo enseñaba a quienes querían acogerse a la sombra de su árbol, que los hombres siempre acababan sus asuntos engañando y mintiendo, y no encontraban a nadie que no supiera mentir que no acabara siendo iniciado en esa falsa ciencia. En parte por la hermosura del árbol y en parte también por la gran sabiduría que la Mentira les enseñaba, las gentes deseaban mucho vivir bajo aquella sombra y aprender lo que la Mentira podía enseñarles.

Así la Mentira se sentía muy honrada y era muy considerada por las gentes, que buscaban siempre su compañía: al que menos se acercaba a ella y menos sabía de sus artes, todos lo despreciaban, e incluso él mismo se tenía en poco.

Mientras esto le ocurría a la Mentira, que se sentía muy feliz, la triste y despreciada Verdad estaba escondida bajo la tierra, sin que nadie supiera de ella ni la quisiera ir a buscar. Viendo la Verdad que no tenía con qué alimentarse, sino con las raíces de aquel árbol que la Mentira le aconsejó tomar como suyas, y a falta de otro alimento, se puso a roer y a cortar para su sustento las raíces del árbol de la Mentira. Aunque el árbol tenía gruesas ramas, hojas muy anchas que daban mucha sombra y flores de colores muy alegres, antes de que llegase a dar su fruto fueron cortadas todas sus raíces pues se las tuvo que comer la Verdad.

Cuando las raíces desaparecieron, estando la Mentira a la sombra de su árbol con todas las gentes que aprendían sus artimañas, se levantó viento y movió el árbol, que, como no tenía raíces, muy fácilmente cayó derribado sobre la Mentira, a la que hirió y quebró muchos huesos, así como a sus acompañantes, que resultaron muertos o malheridos. Todos, pues, salieron muy mal librados.

Entonces, por el vacío que había dejado el tronco, salió la Verdad, que estaba escondida, y cuando llegó a la superficie vio que la Mentira y todos los que la acompañaban estaban muy maltrechos y habían recibido gran daño por haber seguido el camino de la Mentira.

Vos, señor conde Lucanor, fijaos en que la Mentira tiene muy grandes ramas y sus flores, que son sus palabras, pensamientos o halagos, son muy agradables y gustan mucho a las gentes, aunque sean efímeros y nunca lleguen a dar buenos frutos. Por ello, aunque vuestros enemigos usen de los halagos y engaños de la mentira, evitadlos cuanto pudiereis, sin imitarlos nunca en sus malas artes y sin envidiar la fortuna que hayan conseguido mintiendo, pues ciertamente les durará poco y no llegarán a buen fin. Así, cuando se encuentren más confiados, les sucederá como al árbol de la Mentira y a quienes se cobijaron bajo él. Aunque muchas veces en nuestros tiempos la verdad sea menospreciada, abrazaos a ella y tenedla en gran estima, pues por ella seréis feliz, acabaréis bien y ganaréis el perdón y la gracia de Dios, que os dará prosperidad en este mundo, os hará muy honrado y os concederá la salvación para el otro.

Al conde le agradó mucho este consejo que Patronio le dio, siguió sus enseñanzas y le fue bien.

Y viendo don Juan que este cuento era muy bueno, lo mandó poner en este libro y compuso unos versos que dicen así:

> Evitad la mentira y abrazad la verdad,
> que su daño consigue el que vive en el mal.

Ejemplo XXVII. Lo que sucedió con sus mujeres a un emperador y a Álvar Fáñez Minaya

Un día hablaba el conde Lucanor con su consejero Patronio y le dijo:

—Patronio, tengo dos hermanos casados que viven su matrimonio de manera muy distinta, pues uno ama tanto a su esposa que apenas podemos lograr que se aparte de ella un solo día y no hace sino lo que ella quiere y, aun antes, se lo consulta. Del otro, sin embargo, os diré que nadie puede lograr que vea a su mujer ni que entre en la casa donde vive. Como estoy muy preocupado por el comportamiento de los dos, os ruego que me digáis la forma de poner fin a esta situación tan extremosa.

—Señor conde Lucanor —dijo Patronio—, por lo que me decís, vuestros dos hermanos están muy equivocados, pues ni uno debería demostrar tanto amor a su esposa ni el otro tanta indiferencia. Probablemente su error depende del carácter de sus mujeres y así querría contaros lo que sucedió al emperador Federico y a Álvar Fáñez Minaya con sus esposas.

El conde le preguntó lo que había ocurrido.

—Señor conde Lucanor —dijo Patronio—, os contaré primero lo que sucedió al emperador Federico, y después lo que ocurrió a don Álvar Fáñez, porque son dos historias distintas y no pueden mezclarse.

El emperador Federico casó, según su rango, con una doncella de alto linaje; pero no era feliz, pues antes de casarse no se había enterado de su mal genio. Después del matrimonio, y aunque ella era buena y honrada, comenzó a mostrar el carácter más rebelde y más díscolo que pueda imaginarse: si el emperador quería comer, ella ayunar; si el emperador quería dormir, ella levantarse; si el emperador le tomaba afecto a alguien, ella le demostraba antipatía. ¿Qué más os diré? Cuanto le agradaba al emperador, le desagradaba a ella. En fin, hacía todo lo contrario de su marido.

El emperador soportó aquella vida algún tiempo, pero, viendo que de ningún modo podría corregir a su esposa, ni con sus advertencias ni con las de otros, ni con amenazas, ni con ruegos o halagos, y viendo también la áspera vida que le esperaba y el daño que le traería a su reino la mala condición de la emperatriz, fue a ver al papa, y le dijo lo que pasaba y el peligro en que se encontraban su pueblo y él por el pésimo carácter de su esposa la emperatriz. El emperador pidió al papa que, si pudiese, anulara el matrimonio, aunque él sabía que era imposible según la ley de Dios, pero tampoco podían vivir juntos por el carácter áspero de la emperatriz.

Como no encontraba otro remedio, el papa le dijo al emperador que encomendaba la solución a su buen entendimiento, porque no podía dar la penitencia antes del pecado.

El emperador se despidió del papa, se volvió a su casa, e intentó corregir a la emperatriz con halagos, amenazas, advertencias y con cuantas maneras parecieron bien a él y a todos los suyos, sin que nada diera resultado, pues, cuanto más le insistían para que cambiase tanto, más áspera y desabrida se mostraba ella.

Cuando vio el emperador que no podía alterar la condición de su esposa, le dijo un día que quería ir a cazar ciervos y que se llevaría un poco de la hierba con que envenenan las flechas para matarlos, dejando el resto en la casa para otra cacería. También le dijo que por nada del mundo se pusiese aquellas hierbas sobre sarna, pústula o herida que sangrase, porque era tan fuerte su veneno que no había nadie a quien aquellas hierbas no provocasen la muerte. El emperador tomó otro ungüento muy bueno y muy eficaz para las llagas y, delante de ella, se lo aplicó en aquellas partes del cuerpo que no estaban sanas; ella y cuantos allí estaban vieron que en seguida quedaba curado. Le dijo después a su esposa, en presencia de numerosos cortesanos y de otras personas, que se diese de aquel ungüento en cualquier llaga que tuviera. Y dicho esto, tomó la hierba que necesitaba para envenenar las flechas y se fue a cazar ciervos.

Cuando el emperador hubo partido, se puso la emperatriz colérica y comenzó a decir:

—¡Ved lo que me dice ahora el falso del emperador! Como sabe que mi sarna no es como la suya, me dice que me aplique el ungüento que se ha dado él, porque así yo no podré sanar; pero del otro ungüento, que es el más indicado para mí, me dice que no debo darme. Mas, por darle pesar, yo me untaré con él y, cuando vuelva, me encontrará sana. Estoy segura de que nada le molestará más; por eso lo haré.

Los caballeros y las damas que la acompañaban le rogaron y suplicaron con lágrimas en los ojos que no lo hiciese y le decían que tuviese por cierto que moriría si se aplicaba aquellas hierbas.

A pesar de sus ruegos, no lo quiso hacer: tomó las hierbas y se dio con ellas en las llagas. Y al poco tiempo le aparecieron los primeros síntomas de muerte. Si ella hubiera podido, se habría arrepentido de lo que había hecho, pero ya no le quedaba tiempo. Así murió, por su carácter díscolo y rebelde.

Mas a don Álvar Fáñez le sucedió lo contrario, y así os contaré lo que le ocurrió.

Era don Álvar Fáñez un caballero muy justo y muy honrado, fundador de la villa de Íscar, y un día fue a ver al conde don Pedro Ansúrez, que vivía en Cuéllar con sus tres hijas. Después de haber comido, le preguntó el conde a Álvar Fáñez a qué se debía la sorpresa y el placer de su visita. Álvar Fáñez le contestó que venía para pedirle a una de sus hijas en matrimonio, pero antes quería hablar con ellas, conocerlas y elegir a la que más le gustara. Viendo el conde que Dios le favorecía con este casamiento, le dijo que tendría mucho gusto con que todo se hiciera así.

Don Álvar Fáñez se quedó a solas con la hija mayor y le dijo que, si ella aceptaba, le gustaría tomarla por esposa, pero antes debía saber algunas cosas muy importantes sobre su vida. Lo primero, que él ya no era joven y que, por las muchas heridas sufridas en las batallas en que había luchado, tenía tan débil la cabeza que, por muy poco vino que bebiese, perdía el juicio y se ponía tan violento que no sabía lo que decía, habiendo llegado incluso a maltratar a algunas personas con tanta furia que, al volver en sí, se arrepentía de haberlo hecho. También debería saber que, cuando estaba dormido, no podía controlar en la cama sus necesidades. Y tantas cosas como estas le dijo que ninguna mujer, aunque no fuera muy inteligente, podría sentirse bien casada con él.

Cuando le oyó decir esto, la hija del conde le contestó que el casamiento no dependía de ella sino de sus padres. Después se alejó de don Álvar Fáñez y volvió junto a su padre. Este y su madre le preguntaron qué deseaba hacer y, como la hija no comprendió bien la prueba a que la sometió don Álvar Fáñez, les contestó que prefería la muerte a casarse con él, por las cosas que le había dicho.

El conde no quiso referírselo así a don Álvar Fáñez, sino que le respondió que su hija aún no deseaba contraer matrimonio.

Don Álvar Fáñez habló, después de esto, con la hija mediana. Y ocurrió con ella como con la mayor. Después habló con la tercera, a la que dijo las mismas cosas que a sus hermanas.

Ella respondió a don Álvar Fáñez que daba gracias a Dios por este casamiento; también le dijo que, si el vino le sentaba mal, ella lo encubriría de las gentes y nadie lo notaría; y también le dijo que, aunque él se sintiera viejo, no por ello renunciaría a la felicidad y al honor de ser su esposa; y sobre lo que dijo de su mal carácter y de sus golpes a las personas, le contestó que no debía preocuparse, porque ella no le daría motivo y, si alguna vez la maltrataba, lo llevaría con resignación.

Y a todas las cosas que don Álvar Fáñez le dijo, le supo responder tan bien que el caballero quedó muy contento y dio gracias a Dios por haber encontrado una mujer tan inteligente. Después le dijo al conde don Pedro que quería casarse con la más pequeña de sus hijas. Al conde le agradó mucho este matrimonio y pronto celebraron las bodas. Luego don Álvar Fáñez partió hacia sus tierras con su mujer, que se llamaba doña Vascuñana.

Llegados a casa de Álvar Fáñez, ella fue tan buena esposa y tan inteligente que su marido se juzgó por bien casado y ordenó que todos hicieran cuanto ella mandara. Esto lo hacía él por dos razones: la primera, porque Dios la había hecho tan buena, tan amante de su esposo y tan respetuosa con sus decisiones que, cuanto hacía y decía don Álvar Fáñez, le parecía a ella que era verdaderamente lo más acertado; y tanto le agradaba a ella cuanto su marido hacía y decía que jamás lo contrarió en algo que fuera de su gusto. No penséis que hacía esto por halagarlo o lisonjearlo, sino porque verdaderamente creía y sentía que todo lo que don Álvar Fáñez quería, hacía o decía no podía ser mejorado ni entrañaba ningún error. Primero por esto, y en segundo lugar porque ella demostraba siempre tan buen juicio y tomaba decisiones tan acertadas, la amaba y honraba don Álvar Fáñez, que se dejaba guiar por sus recomendaciones, pues siempre le aconsejaba y buscaba lo que favorecía la honra y provecho del conde, su esposo. Nunca pidió a su marido que hiciese algo para darle gusto a ella, sino solo aquello que le fuera conveniente y provechoso como caballero.

Sucedió que una vez, estando en su casa don Álvar Fáñez, lo visitó un sobrino suyo, que vivía en palacio con el rey, y su visita le agradó mucho. Pasados unos días, le dijo su sobrino que era persona de buenas condiciones, pero que le hallaba un defecto. Don Álvar Fáñez le preguntó cuál era. El sobrino le contestó que su único defecto era hacer mucho caso a su mujer y entregarle a ella el cuidado de todos sus bienes y tierras. Don Álvar Fáñez le dijo que de allí a pocos días le daría una respuesta adecuada.

Y sin decir nada de esta conversación a su mujer, Álvar Fáñez partió a caballo hacia otras tierras y estuvo allí algunos días, acompañado por su sobrino. Después mandó venir a doña Vascuñana, saliendo su esposo a recibirla a mitad del camino, aunque no hablaron entre sí ni tampoco tuvieron tiempo para ello.

Álvar Fáñez y su sobrino iban delante, y doña Vascuñana detrás. Fueron cabalgando así y, al rato, Álvar Fáñez y su sobrino vieron gran cantidad de vacas. Y dijo don Álvar Fáñez:

—¿Has visto, sobrino, qué yeguas tan hermosas hay en estas tierras?

Al oír esto, su sobrino quedó muy sorprendido y pensó que su tío se lo decía en broma; no obstante, le preguntó por qué decía que eran yeguas si bien se veía que eran vacas.

Entonces Álvar Fáñez se asombró mucho y dijo a su sobrino que pensaba que había perdido el juicio, pues estaba muy claro que aquellas eran yeguas.

Cuando el sobrino vio cómo su tío lo afamaba una y otra vez, con absoluta seriedad, quedó aterrorizado y pensó que sin duda se había vuelto loco.

Don Álvar Fáñez siguió manteniendo sus afirmaciones, hasta que llegó doña Vascuñana, que venía tras ellos. Al verla, don Álvar Fáñez, le dijo a su sobrino:

—Mirad, sobrino mío, por ahí viene mi esposa, que dirimirá esta discusión.

Al sobrino le pareció esto muy bien, por lo que, al llegar su tía, le dijo:

—Señora, mi tío y yo estamos discutiendo, pues él dice que estas vacas son yeguas, pero yo digo que son vacas; y tanto hemos porfiado que él me toma por loco, aunque yo creo que él ha perdido el juicio. Por favor, señora, juzgad quién dice la verdad.

Cuando doña Vascuñana oyó decir esto a su sobrino, aunque a ella también le parecían vacas, pensó que, si su marido decía que eran yeguas, no podía estar equivocado y, por tanto, tenían que ser yeguas, aunque todos afamaran lo contrario. Por eso dijo a su sobrino y a todos los presentes:

—¡Por Dios, sobrino, cuánto siento lo que decís! Pero esperaba de vos, que tanto tiempo habéis vivido en palacio, mayor cordura y sentido común, pues demostráis falta de juicio e incluso de vista si confundís yeguas con vacas.

Luego doña Vascuñana le comenzó a demostrar que, por la forma, el color y otros muchos detalles, eran yeguas y no vacas, y que su tío no podía estar equivocado ni de palabra ni de pensamiento; y, así, era cierto lo que decía. Tanto lo aseguró ella, que su sobrino y los presentes comenzaron a pensar que eran ellos los confundidos y que las vacas eran yeguas, según decía don Álvar Fáñez. Ocurrido esto, sobrino y tío siguieron camino adelante y vieron gran cantidad de yeguas. Entonces dijo don Álvar Fáñez a su sobrino:

—¡Ajá, sobrino! Estas son las vacas y no las que vos decíais antes, que eran yeguas.

Cuando el sobrino lo oyó, dijo a su tío:

—¡Por Dios, tío! Si vos estáis en lo cierto, el diablo me ha traído a mí a estas tierras; porque si de verdad son vacas, yo habré perdido el juicio, pues estas serían yeguas en cualquier lugar del mundo.

Y don Álvar Fáñez comenzó a porfiar que eran vacas. Así estuvieron hasta que llegó doña Vascuñana, a la que contaron lo que afirmaban su marido y el sobrino. Aunque a ella le parecía que el sobrino tenía razón, en ningún momento pensó que su marido estuviera equivocado ni que pudiera ser verdad otra cosa distinta a la que él afirmaba. Por ello comenzó a buscar argumentos para demostrar que era verdad lo que afamaba su marido, y encontró tantos y tan concluyentes que su sobrino y los que allí estaban pensaron que su razón y sus ojos les hacían confundirse y que estaba en lo cierto don Álvar Fáñez. Así pasó por esta vez.

Tío y sobrino siguieron caminando hasta llegar a un río donde había muchos molinos. Mientras los caballos bebían, comenzó a decir don Álvar Fáñez que las aguas de aquel río corrían hacia su nacimiento y que aquellos molinos recibían el agua en sentido contrario.

El sobrino de Álvar Fáñez se tuvo por loco cuando le oyó decir esto, porque pensó que, si ya se había confundido con las vacas y las yeguas, también lo estaría ahora al pensar que el río discurría en sentido contrario al que decía su tío. Así estuvieron porfiando hasta que llegó doña Vascuñana. Cuando le contaron la discusión que tío y sobrino mantenían, aunque a ella le parecía verdad la opinión del sobrino, no se dejó llevar de su propio juicio y pensó que era verdad lo que decía su marido. Y buscó tantas y tan buenas razones con que apoyarlo que el sobrino y todos los acompañantes creyeron que aquella era la única verdad.

Y desde aquel día quedó como refrán que, si el marido dice que el río corre aguas arriba, la buena esposa así lo debe creer y decir que es verdad.

Cuando el sobrino vio que con los argumentos de doña Vascuñana se demostraba la veracidad de cuanto decía don Álvar Fáñez y que él estaba equivocado al no distinguir unas cosas de otras, sintió pena de sí mismo y pensó que había perdido el juicio.

Después de caminar largo trecho por el camino, viendo don Álvar Fáñez a su sobrino muy preocupado y muy triste, le habló así:

—Sobrino, ya os he dado respuesta a lo que me dijisteis el otro día sobre lo que todos consideraban un defecto en mí, por hacer siempre caso a mi mujer; tened por seguro que, cuanto hoy ha ocurrido, lo he preparado para que vieseis cómo es ella y que hago bien si me dejo llevar por sus consejos. También debo deciros que para mí las primeras vacas que vimos, de las que yo decía que eran yeguas, eran vacas como vos defendíais; y cuando doña Vascuñana llegó y os oyó decir que para mí eran yeguas, estoy seguro de que ella creía que vos decíais la verdad, pero, como confía tanto en mi recto juicio y piensa que nunca puedo estar confundido, pensó que ella y vos erais los equivocados. Y por eso buscó argumentos tan concluyentes que os convenció a vos y a todos los presentes de que yo estaba en lo cierto; eso mismo ocurrió con lo de las yeguas y lo del molino. Os aseguro que, desde el día de nuestra boda, nunca la vi hacer o decir algo en su propio provecho o deleite, sino solo lo que yo quisiere; tampoco se ha enojado nunca por lo que yo hiciera. Y, para ella, cualquier cosa, que yo decida, siempre será lo mejor; además, cuanto debe hacer por su estado o porque yo se lo pido, lo hace muy bien, buscando siempre mi honra y provecho y queriendo que, de esta forma, todos sepan que yo soy el señor y como tal debo ser obedecido y honrado; no desea para sí ni fama ni premio por lo que hace, sino que todos sepan en qué puede servirme y mi agrado por cuanto ella hace. Creo que, si un moro del otro lado del mar hiciese esto por mí, yo lo debería amar, estimar y seguir sus consejos; cuánto más a la mujer con quien estoy casado. Y ahora, sobrino, os he dado respuesta al reproche que el otro día me hicisteis.

Al sobrino de Álvar Fáñez lo convencieron estas razones y comprendió que, si doña Vascuñana era de tan buen juicio y buena voluntad, hacía bien su tío amándola y confiando en ella y haciendo por ella cuanto hacía.

Como veis, fueron muy distintas la mujer del emperador y la de Álvar Fáñez.

Señor conde Lucanor, si vuestros hermanos son tan distintos que uno hace cuanto su mujer quiere y el otro no la toma en consideración, ello se debe a que sus mujeres llevan la misma vida que llevaron la emperatriz y doña Vascuñana. Si sus esposas son así, no debéis asombraros ni culpar a vuestros hermanos; pero si no son ni tan buenas ni tan rebeldes como las dos de las que os he hablado, vuestros hermanos tendrán parte de culpa, porque, aunque ese hermano vuestro, que ama mucho a su mujer, hace bien en quererla, debemos pensar que esa estima tiene que limitarse a sus justos términos y no más. Pues si un hombre quiere estar siempre junto a su mujer y por ello deja de ir a los sitios o a los asuntos que le convengan, debéis pensar que está equivocado; pensad también que, si por complacerla o satisfacerla, el marido no cumple lo que pertenece a su clase o a su honra, también está muy equivocado. Pero, exceptuadas estas cosas, cuanta honra, estima y confianza demuestre el marido a su mujer, le están permitidas y así deberá tratarla. También os digo que el esposo, en asuntos de poca importancia, debe evitarle disgustos o contrariedades a su mujer y, sobre todo, no debe inducirla al pecado, pues de él nacen muchos males: primero, por la propia maldad del pecado y, segundo, porque, para desenojarla y complacerla, el marido habrá de hacer cosas perjudiciales para su fama y hacienda. Pero al que por su mala suerte tuviere una mujer tan rebelde como la emperatriz, pues al comienzo no supo o no pudo poner remedio, no le queda otra solución sino soportar su desgracia hasta que Dios quiera. Pero sabed que, para evitar lo uno y lograr lo otro, el marido, desde el primer día de matrimonio, debe hacerle ver a su mujer que él es el señor y cómo ha de comportarse ella.

Pienso que vos, señor conde, siguiendo estas reflexiones, bien podéis aconsejar a vuestros hermanos de qué manera han de portarse con sus mujeres.

Al conde le agradó mucho lo que le dijo Patronio, pues le pareció que era verdad y muy razonable.

Como don Juan pensó que estos dos relatos eran muy buenos, los mandó poner en este libro y escribió los versos que dicen así:

> Desde el comienzo debe el hombre enseñar
> a su mujer cómo se ha deportar.

Ejemplo XXVIII. Lo que sucedió a don Lorenzo Suárez Gallinato

Un día, hablaba el conde Lucanor con Patronio, su consejero, de este modo:

—Patronio, un hombre quiere ponerse bajo mi protección, y aunque sé que es buena persona por naturaleza, algunos dicen que ha cometido diversas faltas. Como conozco vuestro buen juicio, os ruego que me aconsejéis qué hacer en este caso.

—Señor conde —dijo Patronio—, para que hagáis lo más juicioso, me gustaría que supierais lo que sucedió a don Lorenzo Suárez Gallinato.

El conde le preguntó lo que había pasado.

—Señor conde —dijo Patronio—, don Lorenzo Suárez Gallinato estuvo a las órdenes del rey moro de Granada y, cuando volvió al servicio del rey de Castilla, don Fernando, este le dijo que, como había ofendido tanto a Dios, al ayudar a los moros contra los cristianos, Nuestro Señor nunca tendría piedad de él y que, al morir, perdería su alma.

Don Lorenzo Suárez respondió al rey que ningún motivo tenía él para esperar la misericordia de Dios, excepto el de haber dado muerte a un misacantano.

Como al rey le pareció una respuesta muy extraña, le pidió más detalles.

Don Lorenzo dijo que, mientras vivió con el rey de Granada, disfrutó de toda su confianza y era miembro de su guardia personal. Yendo un día con el rey, escuchó mucho ruido de personas que daban voces y gritaban; como escolta del rey, espoleó su caballo y fue a ver qué pasaba, encontrándose con un clérigo revestido con los ornamentos sagrados. Se trataba de un sacerdote que había abjurado del cristianismo y abrazado el Islam y que, por complacer a los moros, les había propuesto entregarles el Dios en quien creen los cristianos, al que veneran como único Dios verdadero. Para ello, el sacrílego sacerdote se proveyó de los ornamentos necesarios, hizo un altar, celebró la misa y consagró una hostia que entregó a los moros; estos se empezaron a mofar de ella, la llevaban arrastrando por el lodo y recorrían así toda la villa.

Cuando don Lorenzo Suárez vio esto, aunque él vivía con los moros, se acordó de que era cristiano y, como creía que aquel era sin duda el cuerpo de Dios, cuyo hijo Jesucristo había muerto por redimirnos de nuestros pecados, pensó que sería bienaventurado si moría por vengar aquella ofensa y sacrilegio. Así que, lleno de cólera e ira, se lanzó contra el renegado que tal crimen había hecho y le cortó la cabeza. Luego descabalgó, hincó ambas rodillas en tierra y adoró el cuerpo de Cristo, al que los moros habían arrastrado. En cuanto se arrodilló, la hostia, que estaba un poco lejos de él, saltó del lodo y vino a caer en la falda de don Lorenzo Suárez. Al ver esto, todos los moros se encolerizaron, echaron mano a sus espadas y con piedras y palos se dirigieron hacia él para matarlo. Don Lorenzo cogió su espada, la misma que le sirvió para decapitar al falso clérigo, y comenzó a defenderse.

El rey, al oír tanto ruido y ver cómo querían matar a don Lorenzo Suárez, ordenó que nadie lo atacase antes de saber lo ocurrido. Los moros, que estaban muy ofendidos, le dijeron lo que había pasado con don Lorenzo y el clérigo renegado.

El rey, muy enojado y con gran violencia, preguntó a don Lorenzo por qué había actuado así. Este le contestó que ya sabía que él no era moro, pero no obstante le había confiado la protección de su cuerpo porque lo consideraba un hombre muy leal, y que él, por miedo a la muerte, no dejaría de protegerlo; también le dijo que, si lo juzgaba tan leal que pensaba que lo defendería hasta la muerte, aunque el rey era moro, debía considerar qué estaría él dispuesto a hacer, como cristiano que era, para salvar el cuerpo del Señor, que es rey de reyes y señor de los señores, y si, por hacer esto, lo mataban, se sentiría muy dichoso.

Al oírle esto, el rey se alegró mucho de lo que don Lorenzo decía, así como de lo que había hecho, y de allí en adelante le demostró aún mayor aprecio y profunda admiración.

Vos, señor conde, si sabéis que ese hombre que busca vuestra protección es bueno y os podéis fiar de él, aunque os digan que cometió algunas faltas, no debéis alejarlo de vos, pues a veces lo que la gente considera malo no lo es, como le ocurrió al rey Fernando cuando pensó que don Lorenzo había cometido el mayor crimen del mundo, al dar muerte a un sacerdote. Pero, como veis, don Lorenzo cumplió muy honrosamente con su deber. Sin embargo, si vos supierais que lo que hizo estaba mal y que lo hizo sin razón, aunque ahora esté arrepentido, haréis muy bien al rechazarlo de vuestro lado.

Al conde le agradó mucho esto que le dijo Patronio, siguió su consejo y le fue bien.

Y viendo don Juan que el cuento era bueno, lo mandó poner en este libro y añadió unos versos que dicen así:

> Aunque muchas cosas parezcan sin razón,
> miradas más de cerca, ¡qué verdaderas son!

Ejemplo XXIX. Lo que sucedió a una zorra que se tendió en la calle y se hizo la muerta

Hablando otro día el conde Lucanor con Patronio, su consejero, le dijo así:

—Patronio, un pariente mío vive en un lugar donde le hacen frecuentes atropellos, que no puede impedir por falta de poder, y los nobles de allí querrían que hiciese alguna cosa que les sirviera de pretexto para juntarse contra él. A mi pariente le resulta muy penoso sufrir cuantas afrentas le hacen y está dispuesto a arriesgarlo todo antes que seguir viviendo de ese modo. Como yo quisiera que él hiciera lo más conveniente, os ruego que me digáis qué debo aconsejarle para que viva como mejor pueda en aquellas tierras.

—Señor conde Lucanor —dijo Patronio—, para que le podáis aconsejar lo que debe hacer, me gustaría que supierais lo sucedido a una zorra que se hizo la muerta.

El conde le preguntó cómo había pasado eso.

—Señor conde Lucanor —dijo Patronio—, una zorra entró una noche en un corral donde había gallinas y tanto se entretuvo en comerlas que, cuando pensó marcharse, ya era de día y las gentes estaban en las calles. Cuando comprobó que no se podía esconder, salió sin hacer ruido a la calle y se echó en el suelo como si estuviese muerta. Al verla, la gente pensó que lo estaba y nadie le hizo caso.

Al cabo de un rato pasó por allí un hombre que dijo que los cabellos de la frente de la zorra eran buenos para evitar el mal de ojo a los niños, y, así, le trasquiló con unas tijeras los pelos de la frente.

Después se acercó otro, que dijo lo mismo sobre los pelos del lomo; después otro, que le cortó los de la ijada; y tantos le cortaron el pelo que la dejaron repelada. A pesar de todo, la zorra no se movió, porque pensaba que perder el pelo no era un daño muy grave.

Después se acercó otro hombre, que dijo que la uña del pulgar de la zorra era muy buena para los tumores; y se la quitó. La zorra seguía sin moverse.

Después llegó otro que dijo que los dientes de zorra eran buenos para el dolor de muelas. Le quitó uno, y la zorra tampoco se movió esta vez.

Por último, pasado un rato, llegó uno que dijo que el corazón de la zorra era bueno para el dolor del corazón, y echó mano al cuchillo para sacárselo. Viendo la zorra que le querían quitar el corazón, y que si se lo quitaban no era algo de lo que pudiera prescindir, y que por ello moriría, pensó que era mejor arriesgarlo todo antes que perder ciertamente su vida. Y así se esforzó por escapar y salvó la vida.

Y vos, señor conde, aconsejad a vuestro pariente que dé a entender que no le preocupan esas ofensas y que las tolere, si Dios lo puso en una tierra donde no puede evitarlas ni tampoco vengarlas como corresponde, mientras esas ofensas y agravios los pueda soportar sin gran daño para él y sin pérdida de la honra; pues cuando uno no se tiene por ofendido, aunque le afrenten, no sentirá humillación. Pero, en cuanto los demás sepan que se siente humillado, si desde ese momento no hace cuanto debe para recuperar su honor, será cada vez más afrentado y ofendido. Y por ello es mejor soportar las ofensas leves, pues no pueden ser evitadas; pero si los ofensores cometieren agravios o faltas a la honra, será preciso arriesgarlo todo y no soportar tales afrentas, porque es mejor morir en defensa de la honra o de los derechos de su estado, antes que vivir aguantando indignidades y humillaciones.

El conde pensó que este era un buen consejo.

Y don Juan lo mandó poner en este libro e hizo estos versos que dicen así:

Soporta las cosas mientras pudieras,
y véngate solo cuando debieras.

Ejemplo XXX. Lo que sucedió al Rey Abenabet de Sevilla con Romaiquía, su mujer

Un día hablaba el conde Lucanor con Patronio, su consejero, de este modo:

—Patronio, mirad lo que me sucede con un hombre: muchas veces me pide que lo ayude y lo socorra con algún dinero; aunque, cada vez que así lo hago, me da muestras de agradecimiento, cuando me vuelve a pedir, si no queda contento con cuanto le doy, se enfada, se muestra descontentadizo y parece haber olvidado cuantos favores le he hecho anteriormente. Como sé de vuestro buen juicio, os ruego que me aconsejéis el modo de portarme con él.

—Señor conde Lucanor —dijo Patronio—, me parece que os ocurre con este hombre lo que le sucedió al rey Abenabet de Sevilla con Romaiquía, su mujer.

El conde le preguntó qué les había pasado.

—Señor conde —dijo Patronio—, el rey Abenabet estaba casado con Romaiquía y la amaba más que a nadie en el mundo. Ella era muy buena y los moros aún la recuerdan por sus dichos y hechos ejemplares; pero tenía un defecto, y es que a veces era antojadiza y caprichosa.

Sucedió que un día, estando en Córdoba en el mes de febrero, cayó una nevada y, cuando Romaiquía vio la nieve, se puso a llorar. El rey le preguntó por qué lloraba, y ella le contestó que porque nunca la dejaba ir a sitios donde nevara. El rey, para complacerla, pues Córdoba es una tierra cálida y allí no suele nevar, mandó plantar almendros en toda la sierra de Córdoba, para que, al florecer en febrero, pareciesen cubiertos de nieve y la reina viera cumplido su deseo.

Y otra vez, estando Romaiquía en sus habitaciones, que daban al río, vio a una mujer, que, descalza en la glera, removía el lodo para hacer adobes. Y cuando la reina la vio, comenzó a llorar. El rey le preguntó el motivo de su llanto, y ella le contestó que nunca podía hacer lo que quería, ni siquiera lo que aquella humilde mujer. El rey, para complacerla, mandó llenar de agua de rosas un gran lago que hay en Córdoba; luego ordenó que lo vaciaran de tierra y llenaran de azúcar, canela, espliego, clavo, almizcle, ámbar y algalia, y de cuantas especias desprenden buenos olores. Por último, mandó arrancar la paja, con la que hacen los adobes, y plantar allí caña de azúcar. Cuando el lago estuvo lleno de estas cosas y el lodo era lo que podéis imaginar, dijo el rey a su esposa que se descalzase y que pisara aquel lodo e hiciese con él cuantos adobes gustara.

Otra vez, porque se le antojó una cosa, comenzó a llorar Romaiquía. El rey le preguntó por qué lloraba y ella le contestó que cómo no iba a llorar si él nunca hacía nada por darle gusto. El buen rey, viendo que ella no apreciaba tantas cosas como había hecho por complacerla y no sabiendo qué más pudiera hacer, le dijo en árabe estas palabras: «Wa la mahar aten?»; que quiere decir: «¿Ni siquiera el día de lodo?»; para darle a entender que, si se había olvidado de tantos caprichos en los que él la había complacido, debía recordar siempre el lodo que él había mandado preparar para contentarla.

Y así a vos, señor conde, si ese hombre olvida y no agradece cuanto por él habéis hecho, simplemente porque no lo hicisteis como él quisiera, os aconsejo que no hagáis nada por él que os perjudique. Y también os aconsejo que, si alguien hiciese por vos algo que os favorezca, pero después no hace todo lo que vos quisierais, no por eso olvidéis el bien que os ha hecho.

Al conde le pareció este un buen consejo, lo siguió y le fue muy bien.

Y viendo don Juan que esta era una buena historia, la mandó poner en este libro e hizo los versos, que dicen así:

> Por quien no agradece tus favores,
> no abandones nunca tus labores.

Ejemplo XXXI. Lo que ocurrió entre los canónigos y los franciscanos en París

Otro día hablaba el conde Lucanor con Patronio, su consejero y le dijo:

—Patronio, un amigo mío y yo querríamos hacer alguna cosa muy provechosa y de mucha honra para los dos; yo podría hacerla ya, pero no me atrevo hasta que venga él. Por el buen entendimiento que os concedió Dios, os pido vuestro consejo en este asunto.

—Señor conde —dijo Patronio—, para que hagáis lo que me parece más provechoso, me gustaría contaros lo que ocurrió a los canónigos y a los frailes franciscanos en París.

El conde le pidió que se lo contara.

—Señor conde —dijo Patronio—, los canónigos decían que, como ellos eran cabeza de la Iglesia, debían tocar las horas antes que nadie. Los frailes alegaban, por su parte, que ellos debían estudiar, levantarse a maitines y que no podían perder horas de estudio. Alegaron, además, que, estando exentos de obediencia al obispo, no tenían por qué esperar a nadie.

El pleito duró mucho tiempo y costó mucho dinero a las dos partes, por los abogados y por llevar el asunto a Roma. Al fin, un nuevo papa encargó de esto a un cardenal y le ordenó que fallara el pleito inmediatamente.

El cardenal hizo que le entregaran el sumario del proceso, que era tan grande que verlo daba espanto. Cuando el cardenal tuvo delante todo el sumario, citó a ambas partes para que vinieran a escuchar la sentencia y, cuando, personadas las partes, estaban delante del tribunal, el cardenal mandó destruir todos los papeles y les dijo así:

—Amigos, este pleito ha durado mucho, habéis gastado en él mucho dinero y os habéis hecho mucho daño; como yo no quiero dilatarlo, sentencio que el que se despierte antes, taña antes.

Y vos, señor conde Lucanor, si la cosa es conveniente para ambos, y vos solo la podéis hacer, os aconsejo que la hagáis sin demora, pues muchas veces se pierden las buenas empresas por aplazarlas y después, cuando querríamos hacerlas, ya no es posible.

Con esta historia, el conde se sintió bien aconsejado, lo hizo así y le salió muy bien.

Y viendo don Juan que este cuento era bueno, lo mandó poner en este libro e hizo estos versos, que dicen así:

> Si algo muy provechoso tú puedes hacer
> no dejes que con el tiempo se te pueda perder.

Ejemplo XXXII. Lo que sucedió a un rey con los burladores que hicieron el paño

Otra vez le dijo el conde Lucanor a su consejero Patronio:

—Patronio, un hombre me ha propuesto un asunto muy importante, que será muy provechoso para mí; pero me pide que no lo sepa ninguna persona, por mucha confianza que yo tenga en ella, y tanto me encarece el secreto que afirma que puedo perder mi hacienda y mi vida, si se lo descubro a alguien. Como yo sé que por vuestro claro entendimiento ninguno os propondría algo que fuera engaño o burla, os ruego que me digáis vuestra opinión sobre este asunto.

—Señor conde Lucanor —dijo Patronio—, para que sepáis lo que más os conviene hacer en este negocio, me gustaría contaros lo que sucedió a un rey moro con tres pícaros granujas que llegaron a palacio.

Y el conde le preguntó lo que había pasado.

—Señor conde —dijo Patronio—, tres pícaros fueron a palacio y dijeron al rey que eran excelentes tejedores, y le contaron cómo su mayor habilidad era hacer un paño que solo podían ver aquellos que eran hijos de quienes todos creían su padre, pero que dicha tela nunca podría ser vista por quienes no fueran hijos de quien pasaba por padre suyo.

Esto le pareció muy bien al rey, pues por aquel medio sabría quiénes eran hijos verdaderos de sus padres y quiénes no, para, de esta manera, quedarse él con sus bienes, porque los moros no heredan a sus padres si no son verdaderamente sus hijos. Con esta intención, les mandó dar una sala grande para que hiciesen aquella tela.

Los pícaros pidieron al rey que les mandase encerrar en aquel salón hasta que terminaran su labor y, de esta manera, se vería que no había engaño en cuanto proponían. Esto también agradó mucho al rey, que les dio oro, y plata, y seda, y cuanto fue necesario para tejer la tela. Y después quedaron encerrados en aquel salón.

Ellos montaron sus telares y simulaban estar muchas horas tejiendo. Pasados varios días, fue uno de ellos a decir al rey que ya habían empezado la tela y que era muy hermosa; también le explicó con qué figuras y labores la estaban haciendo, y le pidió que fuese a verla él solo, sin compañía de ningún consejero. Al rey le agradó mucho todo esto.

El rey, para hacer la prueba antes en otra persona, envió a un criado suyo, sin pedirle que le dijera la verdad. Cuando el servidor vio a los tejedores y les oyó comentar entre ellos las virtudes de la tela, no se atrevió a decir que no la veía. Y así, cuando volvió a palacio, dijo al rey que la había visto. El rey mandó después a otro servidor, que afamó también haber visto la tela.

Cuando todos los enviados del rey le aseguraron haber visto el paño, el rey fue a verlo. Entró en la sala y vio a los falsos tejedores hacer como si trabajasen, mientras le decían: «Mirad esta labor. ¿Os place esta historia? Mirad el dibujo y apreciad la variedad de los colores». Y aunque los tres se mostraban de acuerdo en lo que decían, la verdad es que no habían tejido tela alguna. Cuando el rey los vio tejer y decir cómo era la tela, que otros ya habían visto, se tuvo por muerto, pues pensó que él no la veía porque no era hijo del rey, su padre, y por eso no podía ver el paño, y temió que, si lo decía, perdería el reino. Obligado por ese temor, alabó mucho la tela y aprendió muy bien todos los detalles que los tejedores le habían mostrado. Cuando volvió a palacio, comentó a sus cortesanos las excelencias y primores de aquella tela y les explicó los dibujos e historias que había en ella, pero les ocultó todas sus sospechas.

A los pocos días, y para que viera la tela, el rey envió a su gobernador, al que le había contado las excelencias y maravillas que tenía el paño. Llegó el gobernador y vio a los pícaros tejer y explicar las figuras y labores que tenía la tela, pero, como él no las veía, y recordaba que el rey las había visto, juzgó no ser hijo de quien creía su padre y pensó que, si alguien lo supiese, perdería honra y cargos. Con este temor, alabó mucho la tela, tanto o más que el propio rey.

Cuando el gobernador le dijo al rey que había visto la tela y le alabó todos sus detalles y excelencias, el monarca se sintió muy desdichado, pues ya no le cabía duda de que no era hijo del rey a quien había sucedido en el trono. Por este motivo, comenzó a alabar la calidad y belleza de la tela y la destreza de aquellos que la habían tejido.

Al día siguiente envió el rey a su valido, y le ocurrió lo mismo. ¿Qué más os diré? De esta manera, y por temor a la deshonra, fueron engañados el rey y todos sus vasallos, pues ninguno osaba decir que no veía la tela.

Así siguió este asunto hasta que llegaron las fiestas mayores y pidieron al rey que vistiese aquellos paños para la ocasión. Los tres pícaros trajeron la tela envuelta en una sábana de lino, hicieron como si la desenvolviesen y, después, preguntaron al rey qué clase de vestidura deseaba. El rey les indicó el traje que quería. Ellos le tomaron medidas y, después, hicieron como si cortasen la tela y la estuvieran cosiendo.

Cuando llegó el día de la fiesta, los tejedores le trajeron al rey la tela cortada y cosida, haciéndole creer que lo vestían y le alisaban los pliegues. Al terminar, el rey pensó que ya estaba vestido, sin atreverse a decir que él no veía la tela.

Y vestido de esta forma, es decir, totalmente desnudo, montó a caballo para recorrer la ciudad; por suerte, era verano y el rey no padeció el frío.

Todas las gentes lo vieron desnudo y, como sabían que el que no viera la tela era por no ser hijo de su padre, creyendo cada uno que, aunque él no la veía, los demás sí, por miedo a perder la honra, permanecieron callados y ninguno se atrevió a descubrir aquel secreto. Pero un negro, palafrenero del rey, que no tenía honra que perder, se acercó al rey y le dijo: «Señor, a mí me da lo mismo que me tengáis por hijo de mi padre o de otro cualquiera, y por eso os digo que o yo soy ciego, o vais desnudo».

El rey comenzó a insultarlo, diciendo que, como él no era hijo de su padre, no podía ver la tela.

Al decir esto el negro, otro que lo oyó dijo lo mismo, y así lo fueron diciendo hasta que el rey y todos los demás perdieron el miedo a reconocer que era la verdad; y así comprendieron el engaño que los pícaros les habían hecho. Y cuando fueron a buscarlos, no los encontraron, pues se habían ido con lo que habían estafado al rey gracias a este engaño.

Así, vos, señor conde Lucanor, como aquel hombre os pide que ninguna persona de vuestra confianza sepa lo que os propone, estad seguro de que piensa engañaros, pues debéis comprender que no tiene motivos para buscar vuestro provecho, ya que apenas os conoce, mientras que, quienes han vivido con vos, siempre procurarán serviros y favoreceros.

El conde pensó que era un buen consejo, lo siguió y le fue muy bien.

Viendo don Juan que este cuento era bueno, lo mandó escribir en este libro y compuso estos versos que dicen así:

> A quien te aconseja encubrir de tus amigos
> más le gusta engañarte que los higos.

Ejemplo XXXIII. Lo que sucedió a un halcón sacre del infante don Manuel con una garza y un águila

Hablaba otra vez el conde Lucanor con Patronio, su consejero, de este modo:

—Patronio, a mí me ha ocurrido muchas veces estar en guerra con otros señores y, cuando la guerra se ha terminado, aconsejarme unos que descanse y viva en paz, y otros, que emprenda nuevas luchas contra los moros. Como sé que nadie podrá aconsejarme mejor que vos, os ruego que me digáis lo que debo hacer en esta disyuntiva.

—Señor conde Lucanor —dijo Patronio—, para que en este caso hagáis lo más conveniente, me gustaría mucho que supierais lo que ocurrió a unos halcones cazadores de garzas y, en concreto, lo ocurrido a un halcón sacre del Infante don Manuel.

El conde le pidió que se lo contara.

—Señor conde Lucanor —dijo Patronio—, el infante don Manuel estaba un día de caza cerca de Escalona y lanzó un halcón sacre contra una garza; subiendo el halcón detrás de la garza, un águila se lanzó contra él. El halcón, por miedo al águila, abandonó a la garza y empezó a huir; el águila, al ver que no podía alcanzarlo, se alejó. Cuando el águila se retiró, el halcón volvió a la garza y procuró cogerla y matarla. Estando ya el halcón muy cerca de la garza, el águila se lanzó de nuevo contra el halcón, que huyó como la vez anterior. Se alejó otra vez el águila y el halcón voló de nuevo hacia la garza. Así ocurrió tres o cuatro veces: siempre que el águila se iba, volvía el halcón a la garza, pero cuando el halcón se acercaba a la garza, volvía a aparecer el águila para matarlo.

Al ver el halcón que el águila no le permitiría matar a la garza, la dejó, y voló por encima del águila y la atacó tantas veces y con tanta fortuna, hiriéndola siempre, que la hizo huir. Después de esto, el halcón volvió a la garza y, cuando volaban muy alto, volvió otra vez el águila para atacarlo. Cuando vio el halcón que cuanto había hecho no le servía de nada, volvió a volar por encima del águila y se dejó caer sobre ella con uñas y garras, y con tanta fuerza que le rompió un ala. Al verla caer, con el ala quebrada, volvió el halcón contra la garza y la mató. Obró así porque pensaba que no debía abandonar su caza, después de haberse desembarazado del águila, que se lo impedía.

Y a vos, señor conde Lucanor, pues sabéis que vuestra caza, y honra y todo vuestro bien, tanto para el cuerpo como para el alma, consiste en servir a Dios, y sabéis además que, según vuestro estado, como mejor podéis servir a Dios es luchando contra los moros, para ensalzar la santa fe católica, os aconsejo yo que, cuando estéis libre de otros ataques, emprendáis la lucha contra los moros. Así lograréis muchas ventajas, pues serviréis a Dios y además cumpliréis con las obligaciones de vuestro estado, aumentando vuestra honra y no comiendo el pan de balde, cosa que no corresponde a ningún honrado caballero, ya que los señores, cuando están ociosos, no aprecian como deben a los demás, ni hacen por ellos todo lo que como señores deberían hacer, sino que se dedican a cosas y diversiones impropias de su hidalga condición. Como a los señores os es bueno y provechoso tener siempre alguna obligación, tened por cierto que, de cuantas ocupaciones existen, ninguna es tan buena, ni tan honrada, ni tan provechosa para el cuerpo y para el alma, como luchar contra los moros. Recordad por eso el cuento tercero de este libro, el del salto que dio el Rey Ricardo de Inglaterra y lo que consiguió con haberlo dado; pensad también que habéis de morir y que en vuestra vida habéis cometido muchas ofensas contra Dios, que es muy justo, por lo que no podréis evitar el castigo que merecen vuestros pecados.

Pero mirad, si os es posible, de encontrar un medio para que vuestros pecados sean perdonados por Dios, porque, si encontráis la muerte luchando contra los moros, habiendo hecho penitencia, seréis un mártir de la fe y estaréis entre los bienaventurados, y, aunque no muráis en batalla, las buenas obras y vuestra buena intención os salvarán.

El conde consideró este consejo como muy bueno, prometió ponerlo en práctica y pidió a Dios que le ayudara para que se cumpliera siempre su voluntad.

Y viendo don Juan que este cuento era bueno, lo mandó escribir en este libro, e hizo estos versos que dicen así:

Si Dios te concediera honda seguridad,
intenta tú ganarte feliz eternidad.

Ejemplo XXXIV. Lo que sucedió a un ciego que llevaba a otro

En esta ocasión hablaba el conde Lucanor con Patronio, su consejero, de esta manera:

—Patronio, un familiar mío, en quien confío totalmente y de cuyo amor estoy seguro, me aconseja ir a un lugar que me infunde cierto temor. Mi pariente me insiste y dice que no debo tener miedo alguno, pues antes perdería él la vida que consentir mi daño. Por eso, os ruego que me aconsejéis qué debo hacer.

—Señor conde Lucanor —dijo Patronio—, para aconsejaros debidamente me gustaría mucho que supierais lo que le ocurrió a un ciego con otro.

Y el conde le preguntó qué había ocurrido.

—Señor conde —continuó Patronio—, un hombre vivía en una ciudad, perdió la vista y quedó ciego. Y estando así, pobre y ciego, lo visitó otro ciego que vivía en la misma ciudad, y le propuso ir ambos a otra villa cercana, donde pedirían limosna y tendrían con qué alimentarse y sustentarse.

El primer ciego le dijo que el camino hasta aquella ciudad tenía pozos, barrancos profundos y difíciles puertos de montaña; y por ello temía hacer aquel camino.

El otro ciego le dijo que desechase aquel temor, porque él lo acompañaría y así caminaría seguro. Tanto le insistió y tantas ventajas le contó del cambio, que el primer ciego lo creyó y partieron los dos.

Cuando llegaron a los lugares más abruptos y peligrosos, cayó en un barranco el ciego que, como conocedor del camino, llevaba al otro, y también cayó el ciego que sospechó los peligros del viaje.

Vos, señor conde, si justificadamente sentís recelo y la aventura es peligrosa, no corráis ningún riesgo a pesar de lo que vuestro buen pariente os propone, aunque os diga que morirá él antes que vos; porque os será de muy poca utilidad su muerte si vos también corréis el mismo peligro y podéis morir.

El conde pensó que era este un buen consejo, obró según él y sacó de ello provecho.

Y viendo don Juan que el cuento era bueno, lo mandó poner en este libro e hizo unos versos que dicen así:

> Nunca te metas donde corras peligro
> aunque te asista un verdadero amigo.

Ejemplo XXXV. Lo que sucedió a un mancebo que casó con una muchacha muy rebelde

Otra vez hablaba el conde Lucanor con Patronio, su consejero, y le decía:

—Patronio, un pariente mío me ha contado que lo quieren casar con una mujer muy rica y más ilustre que él, por lo que esta boda le sería muy provechosa si no fuera porque, según le han dicho algunos amigos, se trata de una doncella muy violenta y colérica. Por eso os ruego que me digáis si le debo aconsejar que se case con ella, sabiendo cómo es, o si le debo aconsejar que no lo haga.

—Señor conde —dijo Patronio—, si vuestro pariente tiene el carácter de un joven cuyo padre era un honrado moro, aconsejadle que se case con ella; pero si no es así, no se lo aconsejéis.

El conde le rogó que le contase lo sucedido.

Patronio le dijo que en una ciudad vivían un padre y su hijo, que era excelente persona, pero no tan rico que pudiese realizar cuantos proyectos tenía para salir adelante. Por eso el mancebo estaba siempre muy preocupado, pues siendo tan emprendedor no tenía medios ni dinero.

En aquella misma ciudad vivía otro hombre mucho más distinguido y más rico que el primero, que solo tenía una hija, de carácter muy distinto al del mancebo, pues cuanto en él había de bueno, lo tenía ella de malo, por lo cual nadie en el mundo querría casarse con aquel diablo de mujer.

Aquel mancebo tan bueno fue un día a su padre y le dijo que, pues no era tan rico que pudiera darle cuanto necesitaba para vivir, se vería en la necesidad de pasar miseria y pobreza o irse de allí, por lo cual, si él daba su consentimiento, le parecía más juicioso buscar un matrimonio conveniente, con el que pudiera encontrar un medio de llevar a cabo sus proyectos. El padre le contestó que le gustaría mucho poder encontrarle un matrimonio ventajoso.

Dijo el mancebo a su padre que, si él quería, podía intentar que aquel hombre bueno, cuya hija era tan mala, se la diese por esposa. El padre, al oír decir esto a su hijo, se asombró mucho y le preguntó cómo había pensado aquello, pues no había nadie en el mundo que la conociese que, aunque fuera muy pobre, quisiera casarse con ella. El hijo le contestó que hiciese el favor de concertarle aquel matrimonio. Tanto le insistió que, aunque al padre le pareció algo muy extraño, le dijo que lo haría.

Marchó luego a casa de aquel buen hombre, del que era muy amigo, y le contó cuanto había hablado con su hijo, diciéndole que, como el mancebo estaba dispuesto a casarse con su hija, consintiera en su matrimonio. Cuando el buen hombre oyó hablar así a su amigo, le contestó:

—Por Dios, amigo, si yo autorizara esa boda sería vuestro peor amigo, pues tratándose de vuestro hijo, que es muy bueno, yo pensaría que le hacía grave daño al consentir su perjuicio o su muerte, porque estoy seguro de que, si se casa con mi hija, morirá, o su vida con ella será peor que la misma muerte. Mas no penséis que os digo esto por no aceptar vuestra petición, pues, si la queréis como esposa de vuestro hijo, a mí mucho me contentará entregarla a él o a cualquiera que se la lleve de esta casa.

Su amigo le respondió que le agradecía mucho su advertencia, pero, como su hijo insistía en casarse con ella, le volvía a pedir su consentimiento.

Celebrada la boda, llevaron a la novia a casa de su marido y, como eran moros, siguiendo sus costumbres les prepararon la cena, les pusieron la mesa y los dejaron solos hasta la mañana siguiente. Pero los padres y parientes del novio y de la novia estaban con mucho miedo, pues pensaban que al día siguiente encontrarían al joven muerto o muy mal herido.

Al quedarse los novios solos en su casa, se sentaron a la mesa y, antes de que ella pudiese decir nada, miró el novio a una y otra parte y, al ver a un perro, le dijo ya bastante airado:

—¡Perro, danos agua para las manos!

El perro no lo hizo. El mancebo comenzó a enfadarse y le ordenó con más ira que les trajese agua para las manos. Pero el perro seguía sin obedecerle. Viendo que el perro no lo hacía, el joven se levantó muy enfadado de la mesa y, cogiendo la espada, se lanzó contra el perro, que, al verlo venir así, emprendió una veloz huida, perseguido por el mancebo, saltando ambos por entre la ropa, la mesa y el fuego; tanto lo persiguió que, al fin, el mancebo le dio alcance, lo sujetó y le cortó la cabeza, las patas y las manos, haciéndolo pedazos y ensangrentando toda la casa, la mesa y la ropa.

Después, muy enojado y lleno de sangre, volvió a sentarse a la mesa y miró en derredor. Vio un gato, al que mandó que trajese agua para las manos; como el gato no lo hacía, le gritó:

—¡Cómo, falso traidor! ¿No has visto lo que he hecho con el perro por no obedecerme? Juro por Dios que, si tardas en hacer lo que mando, tendrás la misma muerte que el perro.

El gato siguió sin moverse, pues tampoco es costumbre suya llevar el agua para las manos. Como no lo hacía, se levantó el mancebo, lo cogió por las patas y lo estrelló contra una pared, haciendo de él más de cien pedazos y demostrando con él mayor ensañamiento que con el perro.

Así, indignado, colérico y haciendo gestos de ira, volvió a la mesa y miró a todas partes. La mujer, al verle hacer todo esto, pensó que se había vuelto loco y no decía nada.

Después de mirar por todas partes, vio a su caballo, que estaba en la cámara y, aunque era el único que tenía, le mandó muy enfadado que les trajese agua para las manos; pero el caballo no le obedeció. Al ver que no lo hacía, le gritó:

—¡Cómo, don caballo! ¿Pensáis que, porque no tengo otro caballo, os respetaré la vida si no hacéis lo que yo mando? Estáis muy confundido, pues si, para desgracia vuestra, no cumplís mis órdenes, juro ante Dios daros tan mala muerte como a los otros, porque no hay nadie en el mundo que me desobedezca que no corra la misma suerte.

El caballo siguió sin moverse. Cuando el mancebo vio que el caballo no lo obedecía, se acercó a él, le cortó la cabeza con mucha rabia y luego lo hizo pedazos.

Al ver su mujer que mataba al caballo, aunque no tenía otro, y que decía que haría lo mismo con quien no le obedeciese, pensó que no se trataba de una broma y le entró tantísimo miedo que no sabía si estaba viva o muerta.

Él, así, furioso, ensangrentado y colérico, volvió a la mesa, jurando que, si mil caballos, hombres o mujeres hubiera en su casa que no le hicieran caso, los mataría a todos. Se sentó y miró a un lado y a otro, con la espada llena de sangre en el regazo; cuando hubo mirado muy bien, al no ver a ningún ser vivo sino a su mujer, volvió la mirada hacia ella con mucha ira y le dijo con muchísima furia, mostrándole la espada:

—Levantaos y dadme agua para las manos.

La mujer, que no esperaba otra cosa sino que la despedazaría, se levantó a toda prisa y le trajo el agua que pedía. Él le dijo:

—¡Ah! ¡Cuántas gracias doy a Dios porque habéis hecho lo que os mandé! Pues de lo contrario, y con el disgusto que estos estúpidos me han dado, habría hecho con vos lo mismo que con ellos.

Después le ordenó que le sirviese la comida y ella le obedeció. Cada vez que le mandaba alguna cosa, tan violentamente se lo decía y con tal voz que ella creía que su cabeza rodaría por el suelo.

Así ocurrió entre los dos aquella noche, que nunca hablaba ella sino que se limitaba a obedecer a su marido. Cuando ya habían dormido un rato, le dijo él:

—Con tanta ira como he tenido esta noche, no he podido dormir bien. Procurad que mañana no me despierte nadie y preparadme un buen desayuno.

Cuando aún era muy de mañana, los padres, madres y parientes se acercaron a la puerta y, como no se oía a nadie, pensaron que el novio estaba muerto o gravemente herido. Viendo por entre las puertas a la novia y no al novio, su temor se hizo muy grande.

Ella, al verlos junto a la puerta, se les acercó muy despacio y, llena de temor, comenzó a increparles:

—¡Locos, insensatos! ¿Qué hacéis ahí? ¿Cómo os atrevéis a llegar a esta puerta? ¿No os da miedo hablar? ¡Callaos, si no, todos moriremos, vosotros y yo!

Al oírla decir esto, quedaron muy sorprendidos. Cuando supieron lo ocurrido entre ellos aquella noche, sintieron gran estima por el mancebo porque había sabido imponer su autoridad y hacerse él con el gobierno de su casa. Desde aquel día en adelante, fue su mujer muy obediente y llevaron muy buena vida.

Pasados unos días, quiso su suegro hacer lo mismo que su yerno, para lo cual mató un gallo; pero su mujer le dijo:

—En verdad, don Fulano, que os decidís muy tarde, porque de nada os valdría aunque mataseis cien caballos: antes tendríais que haberlo hecho, que ahora nos conocemos de sobra.

Y concluyó Patronio:

—Vos, señor conde, si vuestro pariente quiere casarse con esa mujer y vuestro familiar tiene el carácter de aquel mancebo, aconsejadle que lo haga, pues sabrá mandar en su casa; pero si no es así y no puede hacer todo lo necesario para imponerse a su futura esposa, debe dejar pasar esa oportunidad. También os aconsejo a vos que, cuando hayáis de tratar con los demás hombres, les deis a entender desde el principio cómo han de portarse con vos.

El conde vio que este era un buen consejo, obró según él y le fue muy bien.

Como don Juan comprobó que el cuento era bueno, lo mandó escribir en este libro e hizo estos versos que dicen así:

> Si desde un principio no muestras quién eres,
> nunca podrás después, cuando quisieres.

Ejemplo XXXVI. Lo que sucedió a un mercader que encontró a su mujer y a su hijo durmiendo juntos

Un día hablaba el conde Lucanor con Patronio, su consejero, muy enfadado por una cosa que le habían contado y por la cual él se sentía muy ofendido; también le dilo a Patronio que tomaría tal venganza de ello que todos lo recordarían para siempre.

Cuando Patronio lo vio tan furioso y tan colérico, le dijo:

—Señor conde, me gustaría mucho que supierais lo que le sucedió a un mercader que fue un día a comprar consejos.

El conde le preguntó qué le había pasado.

—Señor conde —dijo Patronio—, en una villa vivía un hombre muy sabio que no tenía otra ocupación ni otro trabajo sino el de vender consejos. El mercader, cuando se enteró, fue a casa de aquel hombre tan sabio y le pidió que le vendiese uno de sus consejos. El sabio le preguntó de qué precio lo quería, pues según el precio así sería el consejo. El mercader le respondió que lo quería de un maravedí. El sabio cogió la moneda y le dijo al mercader:

—Amigo, cuando alguien os invite a comer, si no sabéis qué platos vendrán después, hartaos del primero.

El mercader le dijo que no le había vendido un consejo demasiado bueno, pero el sabio le contestó que tampoco él le había pagado por otro mejor. El mercader, entonces, le pidió que le diese un consejo que valiera una dobla, y se la dio. El sabio le aconsejó que, cuando se sintiera muy ofendido y quisiera hacer algo lleno de ira, no se apurase ni se dejara llevar por la cólera hasta conocer bien toda la verdad.

El mercader pensó que, comprando tales consejos, podría perder cuantas doblas tenía, por lo que no quiso seguir escuchando al sabio, aunque retuvo el segundo consejo en lo más profundo de su corazón.

Y sucedió que el mercader partió por mar a lejanas tierras y, al partir, estaba su mujer embarazada. Allí permaneció tanto tiempo, ocupado en sus negocios, que el pequeño nació y llegó a la edad de veinte años. La madre, que no tenía más hijos y daba por muerto a su marido, se consolaba con aquel hijo, al que quería mucho como hijo y llamaba «marido» por el amor que tenía a su padre. El joven comía y dormía siempre con ella, como cuando era un niño muy pequeño, y así vivía ella muy honestamente, aunque con mucha pena, pues no le llegaban noticias de su marido.

El mercader consiguió vender todas sus mercancías y volvió con una gran fortuna. Cuando llegó al puerto de la ciudad donde vivía, no dijo nada a nadie, se dirigió a su casa y se escondió para ver lo que pasaba.

Hacia el mediodía, volvió a casa el hijo de aquella buena mujer y su madre le preguntó:

—Dime, marido, ¿de dónde vienes?

El mercader, que oyó a su mujer llamar marido a aquel mancebo, sintió gran pesar, pues creía que estaba casada con él o, en todo caso, amancebada, porque el hombre era muy joven, y esto le pareció al mercader una horrible ofensa.

Pensó matarlos, pero, acordándose del consejo que le había costado una dobla, no se dejó llevar por la ira.

Al atardecer se pusieron a comer. Cuando el mercader los vio así juntos, aún tuvo mayores deseos de matarlos, pero por el consejo que vos sabéis, no se dejó llevar por la cólera.

Mas, al llegar la noche y verlos acostados en la misma cama, no pudo más, y se dirigió hacia ellos para matarlos. Pero, acordándose de aquel consejo, aunque estaba muy furioso, no hizo nada. Y antes de apagar la candela, empezó la madre a decirle al hijo, entre grandes lloros:

—¡Ay, marido mío! Me han dicho que hoy ha llegado una nave de las tierras a las que fue vuestro padre. Por el amor de Dios os pido que vayáis al puerto mañana por la mañana muy pronto, y quiera Dios que puedan daros noticias suyas.

Cuando el mercader oyó decir esto a su esposa, acordándose de que, al partir él, ella estaba encinta, comprendió que aquel joven era su hijo.

Y no os maravilléis si os digo que el mercader se alegró mucho y dio gracias a Dios por evitar que los matara, como había querido hacer, lo que habría sido una horrible desgracia para él. También os digo que dio por bien gastada la dobla que el consejo le costó, pues siempre lo recordó y nunca actuó precipitadamente.

Y vos, señor conde, aunque pensáis que os resulta muy difícil soportar esa injuria, no digáis nada hasta estar seguro de que es verdad, y así os aconsejo que no os dejéis llevar por la ira ni por la precipitación hasta que conozcáis todo el asunto, pues no se trata de algo que pueda perderse por esperar vos un poco, y, sin embargo, os podríais arrepentir muy pronto de vuestra precipitación.

El conde pensó que este era un buen consejo, obró según él, y le fue muy bien.

Y viendo don Juan que este cuento era bueno, lo mandó escribir en este libro e hizo estos versos:

> Con la ira en las manos nunca debes obrar,
> si no, da por seguro que te arrepentirás.

Ejemplo XXXVII. Respuesta que dio el conde Fernán González a los suyos después de la batalla de Hacinas

Una vez volvía el conde de una batalla muy cansado, maltrecho y pobre; antes de que pudiera descansar, le llegó la noticia de que se preparaba otra nueva guerra. Muchos de los suyos le aconsejaron que descansara algún tiempo y que luego podría hacer lo que le pareciera más conveniente. El conde preguntó a Patronio su opinión sobre este asunto. Patronio le dijo:

—Señor, para que podáis hacer lo mejor y más conveniente, me gustaría mucho contaros la respuesta que dio una vez el conde Fernán González a sus vasallos.

El conde preguntó a Patronio qué les había dicho.

—Señor conde —dijo Patronio—, cuando el conde Fernán González venció al rey Almanzor en Hacinas, muchos de sus soldados murieron y muchos supervivientes e incluso él mismo recibieron graves heridas. Antes de que pudiesen curar, supo el conde que el rey de Navarra iba a atacar sus tierras, por lo que ordenó a los suyos aprestarse a luchar contra los navarros. Sus soldados le contestaron que los caballos estaban cansados, que ellos también lo estaban y que, aunque por esto no evitara entrar en combate, debía hacerlo porque él y todos los demás estaban malheridos, por lo que convenía esperar a que todos estuviesen curados.

Cuando el conde vio que todos querían rehusar la lucha, valorando más la honra que el cansancio, se dirigió a ellos con estas palabras:

—Amigos, por las heridas no abandonemos la empresa, pues las nuevas heridas, que ahora nos causarán, harán que nos olvidemos de las recibidas en Hacinas, frente al moro Almanzor.

Al ver los suyos que al conde no le preocupaban ni el cansancio ni sus heridas por defender su honra y su tierra, marcharon junto a él. El conde y sus soldados ganaron esta nueva batalla y salieron muy victoriosos.

Vos, señor conde Lucanor, si queréis hacer lo que se debe para defender a los vuestros, vuestras tierras y ensalzar vuestra honra, nunca sintáis el dolor, las fatigas o los peligros, sino obrad de forma que los nuevos peligros y dolores os hagan olvidar los pasados.

El conde vio que este ejemplo era bueno, obró según el consejo de Patronio y le fue muy bien.

Y juzgando don Juan que este cuento era muy bueno, lo mandó poner en este libro e hizo los versos que dicen así:

Tened esto por cierto, pues es verdad probada:
que la holganza y la honra no comparten morada.

Ejemplo XXXVIII. Lo que sucedió a un hombre que iba cargado con piedras preciosas y se ahogó en el río

Un día dijo el conde a Patronio que deseaba mucho quedarse en una villa donde le tenían que dar mucho dinero, con el que esperaba lograr grandes beneficios, pero que al mismo tiempo temía quedarse allí, pues, entonces, correría peligro su vida. Y, así, le rogaba que le aconsejase qué debía hacer.

—Señor conde —dijo Patronio—, en mi opinión, para que hagáis en esto lo más juicioso, me gustaría que supierais lo que sucedió a un hombre que llevaba un tesoro al cuello y estaba pasando un río.

El conde le preguntó qué le había ocurrido.

—Señor conde —dijo Patronio—, había un hombre que llevaba a cuestas gran cantidad de piedras preciosas, y eran tantas que le pesaban mucho. En su camino tuvo que pasar un río y, como llevaba una carga tan pesada, se hundió más que si no la llevase. En la parte más honda del río, empezó a hundirse aún más.

Cuando vio esto un hombre, que estaba en la orilla del río, comenzó a darle voces y a decirle que, si no abandonaba aquella carga, corría el peligro de ahogarse. Pero el pobre infeliz no comprendió que, si moría ahogado en el río, perdería la vida y también su tesoro, aunque podría salvarse desprendiéndose de las riquezas. Por la codicia, y pensando cuánto valían aquellas piedras preciosas, no quiso desprenderse de ellas y echarlas al río, donde murió ahogado y perdió la vida y su preciosa carga.

A vos, señor conde Lucanor, aunque el dinero y otras ganancias que podáis conseguir os vendrían bien, yo os aconsejo que, si en ese sitio peligra vuestra vida, no permanezcáis allí por lograr más dinero ni riquezas. También os aconsejo que jamás pongáis en peligro vuestra vida si no es asunto de honra o si, de no hacerlo, os resultara grave daño, pues el que en poco se estima y, por codicia o ligereza, arriesga su vida, es quien no aspira a hacer grandes obras; sin embargo, el que se tiene a sí mismo en mucho ha de hacer tales cosas que los otros también lo aprecien, pues el hombre no es valorado porque él se precie, sino porque los demás admiren en él sus buenas obras. Tened, señor conde, por seguro que tal persona estimará en mucho su vida y no la arriesgará por codicia ni por cosa pequeña, pero en las ocasiones que de verdad merezcan arriesgar la vida, estad seguro de que nadie en el mundo lo hará tan bien como el que vale mucho y se estima en su justo valor.

El conde consideró bueno este ejemplo, obró según él y le fue muy bien.

Y como don Juan vio que este cuento era muy bueno, lo mandó poner en este libro y añadió estos versos que dicen así:

A quien por codicia su vida aventura,
sabed que sus bienes muy poco le duran.

Ejemplo XXXIX. Lo que sucedió a un hombre con las golondrinas y los gorriones

Otra vez hablaba el conde Lucanor con Patronio, su consejero, de este modo:

—Patronio, no encuentro manera de evitar la guerra con uno de los dos vecinos que tengo. Pero, para que podáis aconsejarme lo más conveniente, debéis saber que el más fuerte vive más lejos de mí, mientras que el menos poderoso vive muy cerca.

—Señor conde —dijo Patronio—, para que hagáis lo más juicioso para vos, me gustaría que supierais lo que sucedió a un hombre con los gorriones y con las golondrinas.

El conde le preguntó qué le había sucedido.

—Señor conde —dijo Patronio—, había un hombre muy flaco, al que molestaba mucho el ruido de los pájaros cuando cantan, pues no lo dejaban dormir ni descansar, por lo cual pidió a un amigo suyo un remedio para alejar golondrinas y pardales.

Le respondió su amigo que el remedio que él sabía solo podría librarle de uno de los dos: o de los gorriones o de las golondrinas.

El otro le respondió que, aunque la golondrina grita más y más fuerte, como va y viene según las estaciones, preferiría quedar libre de los ruidos del gorrión, que siempre vive en el mismo sitio.

Señor conde, os aconsejo que no luchéis primero con el más poderoso, pues vive más lejos, sino con quien vive más cerca de vos, aunque su poder sea más pequeño.

Al conde le pareció este un buen consejo, se guió por él y le dio buenos resultados.

Como a don Juan le agradó mucho este cuento, lo mandó poner en este libro e hizo estos versos que dicen así:

Si de cualquier manera la guerra has de tener,
abate a tu vecino, no al de mayor poder.

Ejemplo XL. Causas por las que perdió su alma un general de Carcasona

Hablaba el conde Lucanor con Patronio y le dijo:

—Patronio, como sé que nadie puede evitar la muerte, querría yo, antes de morir, haber podido hacer alguna obra muy útil para la salvación de mi alma que deje memoria de mí y que todos me recuerden por ella. Por eso os ruego que me aconsejéis la mejor manera de lograrlo.

—Señor conde —dijo Patronio—, aunque las buenas obras siempre nos ayudan para conseguir la salvación, no importa cómo o a quién las hagamos. Para que vos sepáis por qué y con qué intención deben hacerse, me gustaría mucho que supierais lo que sucedió a un general de Carcasona.

El conde le pidió que se lo contara.

—Señor conde —dijo Patronio—, un general de Carcasona se puso muy enfermo y, viéndose próximo a morir, mandó llamar al prior de los dominicos y al guardián de los franciscanos, para tratar con ellos los asuntos de su alma. Les pidió que después de su muerte cumplieran cuantas mandas les había dejado, para conseguir su salvación. Así lo hicieron ellos, pues el general les había legado muchos bienes en el testamento. Los dos frailes estaban muy contentos y confiados en su salvación, ya que todo se había hecho pronto y bien.

Sucedió que, pasados unos días, llegó a la ciudad una mujer endemoniada, que decía cosas maravillosas y portentosas, porque el diablo, que por ella hablaba, sabe cuanto se dice y se hace.

Los frailes que habían atendido a la salvación del general, al enterarse de lo que decía aquella mujer, pensaron que sería conveniente hablar con ella para que les diera noticias sobre el alma del difunto. Así lo hicieron. Cuando entraron en la casa de la endemoniada, antes de que ellos le preguntaran, les dijo que bien sabía los motivos de su venida, pues hacía muy poco que había salido del infierno y allí quedaba el alma del general.

Cuando los frailes la oyeron decir esto, le contestaron que mentía, puesto que era público cómo había tenido muy santa muerte, auxiliado con los sacramentos de la Santa Iglesia, y que, como la religión cristiana es la única verdadera, era imposible que se hubiera condenado.

Les replicó ella que ciertamente la fe y la religión cristianas son verdaderas, y que si él hubiera hecho, al morir, lo que debe hacer un auténtico cristiano, habría salvado su alma. Siguió la endemoniada diciendo que él no había obrado como verdadero y buen cristiano, pues, aunque había mandado rezar oraciones y dar limosnas por su alma, había pedido que lo hicieran después de su muerte, siendo su intención que lo hiciesen solo una vez muerto, sin importarle su alma mientras vivía; por eso mandó que lo hicieran después de muerto, cuando ya sus riquezas no le servían para nada ni se las podía llevar consigo. Igualmente les dijo que el general lo había dispuesto todo así para que quedar a fama eterna de lo que había hecho, solo por alcanzar vanagloria de las gentes.

Por ello, aunque el general mandó hacer buenas obras, no obró bien, ya que Dios no premia solamente las buenas acciones, sino las que están bien hechas, que son hijas de una recta intención. Como la intención del general no fue buena, porque no nacía de su corazón, no consiguió de Dios el galardón eterno que esperaba.

A vos, señor conde, pues me pedís un consejo, os digo que, en mi opinión, hagáis en vida el bien que deseéis hacer. Sabed, además, que, para conseguir ante Dios galardón por vuestras buenas obras, debéis reparar primero el daño que hayáis podido hacer: de poco vale robar el carnero y dar luego las patas a los pobres por el amor de Dios. De muy poco os valdría haber robado y hurtado a todos para, luego, dar limosna de lo que no es vuestro. Sabed también que, cuando la limosna es buena, concurren en ella estos cinco requisitos: primero, que se entregue algo cuya propiedad sea legítima; segundo, que se dé cuando uno está haciendo, y arrepentido, verdadera penitencia; tercero, que el hombre sienta desprenderse de lo que da, bien por la cantidad o por la calidad de la donación; cuarto, que se haga en vida; y quinto, que se haga pensando solo en Dios y no por vanagloria o vanidad. Si se dan estas cinco condiciones, todas las limosnas y buenas obras serán perfectas y el que así las haga recibirá generoso galardón de Dios. Pero si vos, o cualquier otro, por algún motivo no puede hacerlas de ese modo, no por eso debe dejar de hacerlas, pensando que, al no reunir todos los requisitos, no le servirán de nada, pues eso sería una gran equivocación y tentaríais a Dios al pensar así, ya que, de cualquier forma que se haga el bien, siempre será un bien. Sabed también que las buenas obras ayudan al hombre a abandonar el pecado y a hacer penitencia, a la vez que nos proporcionan salud corporal, riquezas, honras y buena fama ante las gentes. Por ello os digo que toda buena obra que haga el hombre será siempre muy provechosa y útil, pero será mucho más provechosa para la salvación si se hace reuniendo las cinco condiciones que os he señalado.

El conde vio que era verdad lo que Patronio le decía, decidió obrar siempre así y pidió a Dios que le ayudase para seguir los sabios consejos de Patronio.

Y viendo don Juan que este cuento era muy bueno, lo mandó escribir en este libro y compuso estos versos que dicen así:

Haz siempre el bien, mas con recta intención,
si deseas el cielo, si buscas salvación.

Ejemplo XLI. Lo que sucedió a un rey de Córdoba llamado Alhaquen

Un día hablaba el conde Lucanor con Patronio, de este modo:

—Patronio, vos sabéis que soy muy buen cazador y he introducido muchas innovaciones en el arte de la caza, antes desconocidas, así como reformas muy necesarias en las pihuelas y en los capirotes de las aves de cetrería. Ahora los que se quieren meter conmigo se burlan de mí por mis invenciones, y así como alaban al Cid Ruy Díaz o al conde Fernán González por las victorias conseguidas o al santo y bienaventurado rey don Fernando por sus notables conquistas, me elogian a mí diciendo que realicé una gran gesta al cambiar un poco las pihuelas y los capirotes. Como comprendo que tal alabanza es solo una burla, os ruego que me aconsejéis qué deba hacer para que no se mofen de mí por aquellos inventos tan útiles.

—Señor conde Lucanor —dijo Patronio—, para que sepáis lo que más os conviene hacer a fin de evitar tales burlas, me gustaría que supierais lo que ocurrió a un rey de Córdoba llamado Alhaquen.

El conde le preguntó qué le había sucedido.

—Señor conde —dijo Patronio—, había en Córdoba un rey llamado Alhaquen, que, aunque mantenía su reino en paz, no se esforzaba por acrecentar su fama o su honra con hechos notables, como deben hacer los buenos reyes, que no solo están obligados a conservar su reino, sino también a engrandecerlo por medios lícitos y a esforzarse en vida por ser alabados de las gentes, para que después de su muerte todos recuerden sus grandes hechos y conquistas. Este rey, sin embargo, no se preocupaba de esto, sino de comer, descansar y vivir ociosamente en su palacio.

Sucedió que un día, por distraer al rey, tocaban delante de él un instrumento que gusta mucho a los moros, que ellos llaman albogón. Al rey le pareció que su sonido no era tan bueno como debía y, cogiendo el albogón, le añadió un agujero en la parte de abajo, a continuación de los que ya tenía. Con esta invención consiguió el rey Alhaquen que el albogón tuviera mejor sonido.

Aunque aquella era una buena reforma, pero no digna de un rey, las gentes, en tono de burla, empezaron a elogiar su invento diciendo cuando querían alabar a alguien: «Wa hedi ziat Alhaquim»; que quiere decir: «Este es el añadido de Alhaquen».

Esta frase fue tan divulgada por aquellas tierras que llegó a oídos del rey, que preguntó por qué la decían. Aunque al principio pretendieron ocultárselo, él tanto insistió que acabaron por decírselo.

Al conocer los motivos, sintió gran pesar, pero como era buen rey, no quiso castigar a quienes decían aquello, sino que decidió hacer otro añadido que forzosamente mereciera los elogios de sus vasallos.

Entonces, como la mezquita de Córdoba aún no estaba acabada, le añadió cuanto le faltaba y la terminó de construir. Esta es la mayor y más hermosa mezquita que tenían los moros en España y que, por la ayuda de Dios, ahora es una iglesia llamada Santa María de Córdoba, desde que el rey don Fernando conquistó la ciudad y consagró la mezquita a Santa María.

Cuando aquel rey hubo acabado la mezquita, haciendo tan buen añadido, dijo que, si hasta entonces se habían burlado por lo que hizo en el albogón, de ahora en adelante sería justamente alabado por el añadido que hizo terminando aquella grandiosa mezquita.

Y, en efecto, el rey fue muy alabado; pero si los elogios antes eran una burla contra él, luego se convirtieron en alabanzas, hasta el extremo de que es muy corriente entre los moros, cuando quieren elogiar algo, decir así: «Este es el añadido del rey Alhaquen».

Vos, señor conde, si estáis molesto o pensáis que esas alabanzas son un escarnio contra vos por las modificaciones hechas en las pihuelas y capirotes de las aves de cetrería, o por otras innovaciones vuestras en el arte de la caza, haced otras cosas nobles e importantes, propias de señores tan distinguidos como vos. Así todos alabarán vuestras gestas, del mismo modo que ahora elogian, burlándose, vuestros añadidos y modificaciones en la práctica de la caza.

El conde vio que este era un buen consejo, obró según él y le fue muy bien.

Y como don Juan comprendió que este cuento era muy bueno, lo mandó escribir en este libro e hizo estos versos que dicen así:

> Si algún bien hicieres
> que importante no fuere,
> como el bien nunca muere,
> hazlo mayor si pudieres.

Ejemplo XLII. Lo que sucedió al diablo con una falsa devota

Otra vez hablaba el conde Lucanor con Patronio, su consejero, de este modo:

—Patronio, en una conversación con varios amigos nos hemos preguntado cómo un hombre muy perverso puede causar más daño a los demás. Unos dicen que encabezando revueltas; otros, que peleando contra todos; otros, que cometiendo graves delitos y crímenes y, otros, que calumniando y difamando. Por vuestro buen entendimiento os ruego que digáis con cuál de estos vicios se puede causar peor daño a las gentes.

—Señor conde Lucanor —dijo Patronio—, para responder, me gustaría que supieseis lo que sucedió al diablo con una de esas mujeres que se hacen beguinas.

El conde le preguntó qué le había sucedido.

—Señor conde Lucanor —dijo Patronio—, había en una villa un hombre joven, casado, que se llevaba muy bien con su mujer, sin que nunca hubiera entre ellos desacuerdos o riñas.

Como al diablo le desagradan siempre las cosas buenas, tenía con este matrimonio gran pesar, pues, aunque anduvo mucho tiempo tras ellos para meter cizaña, nunca lo pudo conseguir.

Un día, al volver de la casa donde vivía este matrimonio, iba el diablo muy triste, porque no podía hacerles caer en sus tentaciones, cuando se encontró con una beguina, que, al reconocerlo, le preguntó por qué estaba tan apenado. El demonio le respondió que venía de la casa de aquel matrimonio, cuyas buenas relaciones quería romper desde hacía mucho tiempo sin conseguirlo, y que, como su superior se había enterado de su inutilidad, le había retirado su estimación, motivo este de su tristeza.

La mala mujer le respondió que le asombraba que, sabiendo tanto, no lo hubiera conseguido ya, pero que, si hacía lo que ella le dijera, podría lograr sus propósitos.

El diablo le contestó que haría cuanto le aconsejara, con tal de llevar la desavenencia a la vida de aquel matrimonio.

Cuando el demonio y la beguina llegaron a ese acuerdo, se encaminó la mujer hacia la casa del matrimonio, y tantas vueltas dio que consiguió hablar con la esposa, a la que hizo creer que había sido educada por su madre y que, para mostrarle su agradecimiento, la intentaría servir en todo cuanto pudiese.

La esposa, que era muy buena, creyó sus palabras, le permitió vivir en su casa y le entregó su gobernación. También el marido se fiaba de ella.

Cuando ya había vivido mucho tiempo con ellos y había conseguido toda su confianza, fue un día a la esposa, simulando estar preocupada, y le dijo:

—Hija mía, mucho me duele lo que me han contado: que a vuestro marido le agrada más otra mujer; así que debéis tratarlo con mucho cariño para que nunca ame a otra mujer sino a vos, pues, si esto ocurriera, podrían veniros grandes males y perjuicios.

Al oír esto, la buena esposa, aunque no acabó de creerlo, tuvo gran pesar y quedó muy acongojada. Cuando la falsa devota la vio tan pesarosa, se dirigió al camino que solía hacer el esposo para volver a su casa. Cuando se encontraron, le reprobó lo que hacía, porque, teniendo una esposa tan buena, amaba más a otra mujer; también le dijo que su mujer ya lo sabía y, aunque le pesaba mucho, le había contado que, como él se portaba así sabiendo que ella lo quería tanto, estaba dispuesta a buscar a otro hombre que la quisiera tanto o más que él. Luego le pidió que, por Dios, no se enterase su mujer pues, si lo supiera, ella se moriría.

El marido, al oír esto, aunque no se lo pudo creer, sintió gran pesar y se puso muy triste.

La falsa devota, al dejar al marido con esta sospecha, se fue a donde estaba la esposa, a la que dijo entre muestras de gran pesar y dolor:

—Hija mía, no sé que desgracia os amenaza, pero vuestro marido está muy enfadado con vos; como es verdad lo que os digo, ahora lo veréis venir muy enojado y triste, lo que no le pasaba antes.

Al dejarla con esta preocupación, se dirigió hacia el marido y le dijo lo mismo que a la esposa. Cuando aquel llegó a su casa, vio que la mujer estaba muy triste y que ya no sentían placer el uno con el otro, por lo cual quedaron los dos aún más preocupados.

Cuando el marido salió de nuevo, dijo la mala mujer a la honrada esposa que, si se lo permitía, buscaría a algún mago para que hiciera un encantamiento con el que su marido perdiese la indiferencia que tenía con ella. Como la esposa quería que la armonía volviera a su matrimonio, accedió a ello y se lo agradeció.

Pasados unos días, volvió ella y le dijo que había encontrado un mago que, con algunos pelos de la barba de su marido, de los que nacen cerca de la garganta, podría preparar algún remedio para que su marido perdiese el enojo que tenía contra ella y, así, volvieran a llevar tan buena vida como antes, o aún mejor. Le pidió que, al volver el esposo, consiguiera que se echara en su regazo y, una vez dormido, con una navaja que le dio, podía cortarle los pelos necesarios.

Aquella buena esposa, por el gran amor que tenía a su marido y muy pesarosa por la desavenencia que había entre ellos, como deseaba muchísimo gozar de la vida que antes llevaban, se lo agradeció y le dijo que así lo haría. Para ello cogió la navaja que le entregó la falsa mujer.

La mala mujer se dirigió en seguida al marido y le dijo que sentía mucho su próxima muerte, por lo cual no deseaba ocultarle lo que su mujer había preparado: darle muerte a él y marcharse con su amante. Para probarle que esto era cierto, le dijo cómo su esposa y el amante de esta lo tenían dispuesto: a su vuelta la mujer le pediría que se durmiese en su regazo para, una vez dormido, degollarlo con una navaja que tenía escondida.

Cuando el marido oyó todo esto, quedó lleno de espanto y, aunque estaba muy preocupado ya por tantas falsedades como la beguina le había dicho, con esto que le contaba ahora se preocupó aún más, resolviendo estar muy alerta y ver si era cierto cuanto le decía. Con esta turbación volvió a su casa.

Al verlo entrar, la mujer recibió a su marido más cariñosamente que nunca, a la vez que le recordó cómo con tanto trabajo no podían nunca tratarse ni tomar un descanso, por lo que le pidió que se echara junto a ella y que pusiese la cabeza en su regazo para espulgarlo.

El marido, al oír las demandas de la mujer, pensó que cuanto le había dicho la falsa beguina era cierto, pero, por ver hasta dónde llegaba la maldad de su esposa, se echó junto a ella y se hizo el dormido. Cuando así lo vio su mujer, sacó la navaja que tenía para cortarle los pelos de la barba, siguiendo el consejo de la mala beguina. El marido, que vio a su mujer con una navaja en la mano, muy cerca de su garganta, no dudó de cuanto la beguina le había dicho, se levantó, le quitó la navaja a su esposa y la degolló allí mismo.

El padre y los hermanos de la esposa escucharon el ruido de la pelea, acudieron prestamente a la casa y vieron a la esposa muerta en el suelo. Aunque nunca habían oído quejas contra ella, ni por parte del marido ni por ningún vecino, al ver aquel crimen, llenos de cólera y de rabia, se lanzaron contra el esposo, al que mataron en el acto.

Al oír los gritos que daban, vinieron los parientes del marido y, como lo vieran así muerto, arremetieron contra quienes lo habían asesinado y les dieron muerte. Tanto creció la venganza, por ambas partes, que aquel día murieron casi todos los moradores de la villa.

Todo esto ocurrió por las malas palabras de la perversa beguina. Pero, como Dios nunca permite que el delito quede sin castigo, así como no permite tampoco su encubrimiento, hizo entender a las gentes que toda aquella sangre se había vertido por las calumnias de aquella falsa devota, a la que torturaron hasta que murió entre grandes dolores.

Vos, señor conde Lucanor, si deseáis saber cuál es el peor hombre del mundo y el que puede causar más daño a los demás, debéis saber que es quien simula ser buen cristiano, hombre honrado y leal, pero cuyo corazón es falso y se dedica a verter calumnias y falsedades que enemistan a las personas. Yo os aconsejo que evitéis a los hipócritas, pues siempre viven con engaño y mentira. Para que los podáis conocer, recordad este consejo del evangelio: «A fructibus eorum cognoscetis eos»; que significa: «Por sus obras los conoceréis». Por último, pensad que nadie en el mundo puede ocultar por siempre los secretos de su corazón, pues más tarde o más temprano saldrán a la luz.

El conde vio que era verdad lo que Patronio le decía, se propuso seguir su consejo y pidió a Dios que lo guardase a él y a todos los suyos de hombre tan dañino.

Y viendo don Juan que este cuento era muy bueno; lo mandó escribir en este libro e hizo estos versos que dicen así:

Si deseas evitar tan grandes desventuras
no te dejes convencer por las falsas criaturas.

Ejemplo XLIII. Lo que sucedió al Bien con el Mal y al cuerdo con el loco

El conde Lucanor hablaba con Patronio, su consejero, de este modo:

—Patronio, sucede que tengo dos vecinos: uno es persona a quien estimo mucho, pues existen entre los dos numerosos motivos de agradecimiento; pero a veces, sin que yo acierte a descubrir la causa, me afrenta y agravia, cosa que me duele mucho. El otro no es persona a quien deba mostrarle agradecimiento ni tampoco gran estima y, además, hace cosas que me desagradan. Por vuestro buen juicio os ruego que me digáis la manera de portarme con ellos dos.

—Señor conde Lucanor —dijo Patronio—, lo que me preguntáis no es una sola cosa, sino dos, y bien distintas entre sí. Para que vos podáis obrar como más conviene, me gustaría contaros dos sucesos distintos: lo que sucedió al Bien con el Mal y lo que le ocurrió a un cuerdo con un loco.

El conde le pidió que se lo contara.

—Señor conde —dijo Patronio—, como son historias distintas, primero os contaré lo que sucedió al Bien con el Mal y luego lo que le pasó al cuerdo con el loco.

Señor conde, el Bien y el Mal acordaron vivir juntos. Como el Mal es más activo, más inquieto, enemigo de la tranquilidad y siempre está maquinando algo, le dijo al Bien que sería muy conveniente tener ganado con el que salir adelante. Como el Bien aceptó esta propuesta, acordaron tener ovejas. Cuando las ovejas parieron, dijo el Mal al Bien que eligiera la parte que deseara.

El Bien, que es bueno y mesurado, no quiso escoger, sino que le dijo al Mal que lo hiciera; eso le agradó mucho al Mal, que, por ser malo y engañoso, le propuso al Bien que se quedara con los corderitos recién nacidos y él tomaría la leche y la lana de las ovejas. El Bien hizo como si estuviera satisfecho con este desigual reparto.

Después de esto, dijo el Mal que sería bueno criar cerdos, lo que pareció oportuno al Bien. Cuando las puercas parieron, dijo el Mal que, pues el Bien se había quedado con los corderitos y él con la leche y la lana, ahora el Bien debería quedarse con la lana y la leche de las puercas y él con los lechones. El Bien aceptó aquello como su parte.

El Mal propuso después que plantaran hortalizas, y sembraron nabos. Cuando nacieron, dijo el Mal al Bien que, no sabiendo lo que podía haber bajo tierra, cogiera las hojas de los nabos, que estaban a la vista, en tanto que él se conformaría con lo que hubiera nacido bajo tierra. El Bien aceptó esta partición propuesta por el Mal.

Después plantaron coles y, cuando nacieron, dijo el Mal que, como el Bien había elegido antes las hojas de los nabos, que estaban sobre la tierra, debía quedarse ahora con la parte de las coles que nace bajo ella. Así, el Bien se quedó con esa parte.

Luego dijo el Mal al Bien que deberían buscar una mujer para que los sirviera y llevara siempre limpios, cosa que agradó mucho al Bien. Cuando ya encontraron a la mujer, dijo el Mal que de la cintura para arriba sería para el Bien y de la cintura para abajo sería para él. El Bien aceptó este reparto, por lo que su parte hacía todo lo necesario en la casa y la parte perteneciente al Mal estaba casada con él y tenía que dormir con su marido.

La mujer quedó embarazada y nació un hijo. Cuando la madre fue a darle de mamar, vino el Bien, que le prohibió hacerlo, porque la leche le pertenecía a él y no estaba dispuesto a malgastarla. El Mal vino muy alegre para ver a su hijo recién nacido, pero, como lo encontró llorando, preguntó a la madre qué ocurría. Esta le contestó que estaba hambriento porque no mamaba. El Mal le dijo que se lo pusiera al pecho, pero la madre le contestó que no podía hacerlo por habérselo prohibido el Bien, ya que la leche le pertenecía solo a él. Cuando el Mal lo oyó, habló con el Bien y, riendo y con bromas, le pidió que dejara mamar a su hijo, pero el Bien respondió que la leche estaba en su parte y que no lo permitía. Al escuchar su respuesta, el Mal suplicó de nuevo al Bien para que accediera, y este, viendo su situación y su pena, le dijo:

—Amigo, no penséis que por ingenuidad no me daba cuenta de la diferencia entre lo que me asignabais y lo que reservabais para vos, a pesar de lo cual nunca os pedía nada de lo vuestro, sino que, como podía, me mantenía con lo mío. Y aunque me visteis así, jamás os dolió mi situación ni buscasteis favorecerme. Si ahora Dios ha dispuesto que necesitéis mi colaboración, no os sorprenda que no quiera ayudaros y que, recordando cuánto me habéis engañado, os deje sufrir vuestro mal como pago de todo lo que habéis hecho.

Al comprender el Mal que el Bien decía la verdad, se puso muy triste, pues vio que su hijo podía morir por su culpa, así que empezó a rogarle al Bien para que, en nombre de Dios, lo ayudara y se apiadara de aquel niño inocente, pues le prometía hacer en adelante lo que él mandara.

Cuando el Bien lo oyó expresarse así, pensó que Dios le había hecho un gran favor permitiendo que el Mal dependiera de él y, viendo que la enmienda podría conseguirse por la salud de aquel niño, dijo al Mal que su mujer podría amamantarlo si él lo llevaba sobre sus espaldas y salía con el pequeño por la ciudad, diciendo en voz alta para ser oído por todos: «Amigos, sabed que solo con hacer el bien, derrota el Bien al Mal». Cumplida esta condición, podría su mujer darle leche al niño. Esto agradó mucho al Mal, que pensó haber pagado muy barata la vida de su hijo, en tanto que el

Bien lo consideró una excelente penitencia. El Mal cumplió lo prometido y todo el mundo supo que el Bien siempre vence al Mal por medio de un bien.

Mas la historia del hombre cuerdo y el loco es distinta. Ocurrió así: un hombre bueno era dueño de unos baños, a los que un loco solía ir cuando las personas estaban bañándose, y las golpeaba con cubos, piedras, palos y con cuanto encontraba a mano, por lo cual la gente dejó de ir a aquellos baños. Así el hombre honrado empezó a perder todas sus ganancias.

Al ver el dueño las pérdidas que aquel loco le causaba, se levantó muy temprano y se metió en el baño antes de que viniera el loco. Se desnudó, cogió un cubo de agua muy caliente y una gran maza de madera. Al llegar el loco a los baños para golpear a quienes pudiera, como solía hacer, el dueño, que estaba esperándolo, lo vio entrar y, en ese momento, se dirigió a él lleno de cólera y rabia; le echó el cubo de agua hirviendo por la cabeza, cogió la maza y tantos golpes le dio en la cara y en el resto del cuerpo que el loco creyó que lo mataba y pensó que el hombre bueno se había vuelto loco. Salió dando grandes voces y se cruzó con un hombre que le preguntó por qué gritaba así, a lo que respondió el loco:

—Amigo, tened cuidado que hay otro loco en los baños.

Vos, señor conde Lucanor, comportaos así con vuestros vecinos: al que estáis tan agradecido y estimáis mucho, tratadle siempre como amigo, haciéndole favores, dándole alojamiento y ayudándole en lo que podáis, aunque a veces os cause algún perjuicio; pero dadle a entender que lo hacéis por el afecto y cariño que le tenéis y no por obligación. Al otro, sin embargo, como no le debéis nada, no le toleréis nada y dadle a entender que vengaréis cualquier ofensa que os haga, pues los malos amigos conservan mejor la amistad por miedo y por recelo que por buena voluntad.

El conde vio que este era un consejo muy bueno, obró según él y le fue muy bien.

Y como don Juan pensó que estos cuentos eran buenos, los mandó escribir en este libro e hizo estos versos que dicen así:

> Porque el Bien con sus armas siempre vence al Mal,
> sabed que al hombre malo nadie debe ayudar.

Ejemplo XLIV. Lo que sucedió a don Pedro Ruy González de Ceballos y a don Gutierre Ruiz de Blanquillo con el conde Rodrigo el Franco

Otra vez habló el conde Lucanor con Patronio, su consejero, y le dijo:

—Patronio, una vez, estando yo en guerra y cuando mis bienes y hacienda corrían mayor peligro, algunos caballeros, a quienes yo crie en mi casa y a quienes había favorecido con largueza, me abandonaron y buscaron hacerme mal junto a mis enemigos, e incluso se distinguieron por su saña contra mí. Tales cosas han hecho que me han llevado a tener peor opinión de los hombres que la que tenía antes. Por el buen juicio que Dios puso en vos, os ruego que me aconsejéis cómo debo pensar y obrar de ahora en adelante.

—Señor conde Lucanor —dijo Patronio—, si los que os han traicionado hubieran sido como don Pedro Núñez de Fuente Almejir, don Ruy González de Ceballos y don Gutierre Ruiz de Blanquillo, y supieran lo que les sucedió, nunca se habrían portado así.

El conde le preguntó lo que había pasado.

—Señor conde —dijo Patronio—, el conde don Rodrigo el Franco se casó con una dama, hija de don Gil García de Zagra y mujer muy honrada, contra la cual el conde su marido levantó falso testimonio. Ella, muy dolida por aquellas acusaciones, pidió a Dios que, si era, en efecto, culpable, fuera castigada, pero que castigase a su marido si el culpable era él.

Apenas terminó su oración, cuando Dios obró el milagro que le pedía y castigó al conde con la lepra. Entonces, ella se separó de él. Estando ya separados, el rey de Navarra mandó sus emisarios a aquella dama, se casó con ella y se convirtió en reina de Navarra.

El conde, viendo que no podía curarse de la lepra, partió como peregrino hacia Tierra Santa para morir allí. Aunque era muy ilustre y tenía muchos y buenos vasallos, solo aquellos tres caballeros que os dije lo acompañaron. Como permanecieron allí durante tanto tiempo, no tuvieron bastante con lo que habían llevado para mantenerse, por lo que llegaron a tales extremos de pobreza que no tenían nada para alimentar al conde, su señor. Movidos por la necesidad, cada mañana se ofrecían dos de ellos como mozos en la plaza y el tercero se quedaba con su señor el conde; de esta forma se alimentaban ellos y cuidaban al conde. Además, todas las noches lo bañaban, limpiándolo y curándole las llagas de la lepra.

Una noche, al lavarle los pies y las piernas, sintieron los tres necesidad de escupir, y escupieron. Cuando el conde los vio hacer esto, pensó que era por el asco que su enfermedad les producía y empezó a llorar y a quejarse de su estado.

Mas ellos, para que viera su señor que no sentían repugnancia por su enfermedad, con las manos cogieron agua, que estaba llena de pus y de pústulas de la lepra, y bebieron de ella varias veces. Luego siguieron viviendo con el conde, hasta que murió.

Al verlo muerto, pensaron que sería una deshonra para ellos volver a Castilla sin su señor, y no quisieron regresar sin su cadáver. Como, para llevárselo, les ordenaron que cocieran y lavaran sus huesos, respondieron ellos que nadie tocaría a su señor, ni vivo ni muerto. Y pues no consintieron que lo cociesen, lo enterraron y esperaron hasta que la carne se deshizo. Después pusieron los huesos en una arqueta, que llevaban entre todos sobre los hombros.

Así iban caminando, pidiendo limosna, con los restos de su señor a cuestas, aunque traían testimonio de cuanto les había sucedido. Tan pobres pero tan dichosos, llegaron a tierras de Tolosa donde, al entrar en una ciudad, se encontraron con un grupo de personas que iba a quemar a una dama muy importante, acusada por un hermano de su marido. Decían aquellas gentes que, si ningún caballero salía en su defensa, moriría en el tormento, sin que hasta entonces hubieran encontrado alguno que la defendiera.

Cuando el venturado y leal don Pedro Núñez comprendió que, por no hallarse caballero, castigaban así a la dama, dijo a sus compañeros que, si él supiera que era inocente, saldría al campo a defenderla. Fue luego junto a la dama y le preguntó sobre el fundamento de las acusaciones. Ella le contestó que jamás había cometido el delito de que la acusaban, aunque había deseado hacerlo. Al ver don Pedro Núñez que, pues la mujer había pecado con el corazón, podría sucederle algún mal a quien la defendiese, como ya había comenzado a protegerla y la tenía por inocente de cuanto la acusaban, dijo que la defendería.

Los acusadores quisieron recusarle por no ser caballero, pero, cuando les enseñó los testimonios e informes que traía, tuvieron que aceptarlo. Los parientes de aquella dama le dieron caballo y armas para que pelease. Don Pedro les dijo antes de comenzar la pelea que, con la ayuda de Dios, él ganaría honra y salvaría a la dama, pero que, como ella no era del todo inocente, podría venirle algún daño.

Desde que entraron en el campo, Dios ayudó a don Pedro Leal, que venció en la lid y salvó a la dama, pero perdió un ojo en el combate, cumpliéndose así cuanto había dicho don Pedro antes de entrar en el campo de batalla.

La dama y sus parientes dieron mucho dinero a don Pedro el Leal, con lo que pudieron seguir llevando los restos de su señor, el conde, sin tantas penalidades.

Al enterarse el rey de Castilla de que aquellos tres bienaventurados caballeros venían con los restos de su señor, el conde, y cómo su viaje había resultado tan feliz, se puso muy contento y dio gracias a Dios porque tres caballeros de su reino hubiesen hecho tal hazaña. El rey les envió recado de que siguiesen a pie su camino, con los mismos andrajos que traían. Cuando ya se acercaban a la frontera de Castilla, el rey en persona los salió a recibir a cinco leguas de su reino, haciéndoles tal merced que, todavía hoy, sus descendientes poseen heredades de las que les concedió el monarca.

El rey y cuantos caballeros lo acompañaban, para honrar la memoria del conde y rendir tributo de agradecimiento a los tres caballeros, acompañaron los restos del conde hasta Osuna, donde recibieron sepultura. Después, los caballeros se marcharon a sus tierras.

Cuando Ruy González llegó a su casa, al sentarse a la mesa con su mujer, al ver ella la carne delante de sus ojos, alzó las manos al cielo y dijo:

—¡Señor! ¡Bendito seas, por haberme concedido la gracia de vivir este día, pues bien sabes que, desde que marchó mi marido, don Ruy González, esta es la primera vez que como carne y que bebo vino!

Al oírla, don Ruy González se sintió muy triste y le preguntó por qué lo había hecho. Ella le contestó que, cuando se marchó con el conde, le había dicho que jamás volvería sin su señor y le había pedido a ella que llevase una vida sin tacha, pues nunca le faltaría ni el pan ni el agua en su casa; y como le había dicho esto, no debía ella desobedecerlo, por lo cual solo había comido pan y bebido agua.

Igualmente, cuando don Pedro Núñez llegó a su casa, al quedarse a solas él, su mujer y sus parientes, su esposa y parientes se encontraban tan felices y contentos que empezaron a reír. Don Pedro Núñez pensó que se estaban burlando de él porque había perdido un ojo, por lo cual se cubrió la cabeza con el manto y se encerró en sus habitaciones. Al verlo así, su esposa se puso muy triste y tanto le insistió que don Pedro le dijo que estaba así porque se burlaban de él por estar tuerto. Al oírlo su mujer, se clavó una aguja en el ojo y quedó tuerta, diciendo a don Pedro Núñez que lo había hecho para que, si alguna vez la veía reírse, no pudiera pensar que lo hacía por su defecto.

Así premió Dios a aquellos caballeros por cuanto bien hicieron.

Vos, señor conde, nunca dejéis de hacer el bien aunque algunos os hagan mal, porque quienes buscan perjudicaros más daño se hacen a sí mismos que a vos; y pienso que, si los que se portaron mal con vos hubieran sido como aquellos tres caballeros y hubieran sabido cuánto bien les reportó ser leales con su señor, no se habrían portado como lo hicieron. Pensad también que, si algunos quebrantaron su lealtad, otros muchos os siguen siendo fieles, y que más os benefició la fidelidad de aquellos que la deslealtad de estos. No creáis tampoco que seréis correspondido por quienes habéis mantenido con largueza, pero pensad que uno solo hará tanto por vos que daréis por bien empleado lo que habéis hecho por todos ellos.

Al conde le pareció este consejo muy bueno y verdadero.

Y viendo don Juan que este cuento era muy bueno, lo mandó escribir en este libro e hizo estos versos que dicen así:

> Nunca dejes de hacer lo que es debido,
> aunque algunos no se porten bien contigo.

Ejemplo XLV. Lo que sucedió a un hombre que se hizo amigo y vasallo del diablo

Hablaba otra vez el conde Lucanor con Patronio, su consejero, de este modo:

—Patronio, un hombre me dice que sabe muchos agüeros y encantamientos por los que no solo podré adivinar el futuro, sino también aumentar mis riquezas y bienes; pero estoy seguro de que en esas malas artes siempre hay pecado. Por la confianza que tengo en vos, os ruego que me aconsejéis lo que debo hacer en este asunto.

—Señor conde —dijo Patronio—, para que podáis hacer lo más conveniente, me gustaría contaros lo que sucedió a un hombre con el diablo.

El conde le pidió que se lo contara.

—Señor conde —dijo Patronio—, había un hombre que, después de haber sido muy rico, se volvió tan pobre que no tenía con qué alimentarse. Como en el mundo no existe mayor desgracia que la desdicha para quien siempre ha sido feliz, aquel hombre que había sido tan rico, viéndose tan pobre, se sentía muy desdichado. Cuando un día iba caminando a solas por el monte, muy triste y desesperado, se encontró con el diablo.

Como el demonio conoce todas las cosas pasadas, aunque sabía la desgracia de aquel hombre, le preguntó por qué estaba tan triste y pesaroso. El hombre le contestó que no debía decírselo, pues no podría él acabar con sus males.

Mas el diablo le dijo que, si estaba dispuesto a obedecerlo, él pondría fin a sus desdichas y, para que viese que podía hacerlo, le diría en seguida en qué iba pensando y por qué estaba tan triste. Entonces le contó toda su historia y los motivos de su tristeza, diciéndole, además, que, si hacía cuanto le ordenase, lo sacaría de la miseria y lo haría el más rico de todos los hombres, porque, como era el demonio, tenía poder para hacerlo.

Al oírle decir que era el diablo, el hombre tuvo mucho miedo, pero, por la pena que traía y la miseria en que estaba, le contestó que, si lo hacía rico, le obedecería en todo.

Como el demonio busca siempre la ocasión más propicia para engañar a los hombres, cuando los ve angustiados, temerosos, en momentos de apuros o incapaces de conseguir lo que desean, encuentra ahí la mejor ocasión para lograr de ellos cuanto quiere; por eso buscó el modo de engañar a aquel hombre que estaba tan desesperado.

Firmaron entonces un pacto y el hombre se hizo vasallo del demonio. Después de esto, el diablo le dijo al hombre que, de allí en adelante, podía robar lo que quisiese, pues nunca encontraría cerrada una casa o una puerta que, por muy bien cerradas que estuvieran, él no se las abriera, y que, si por casualidad se viese en un apuro o encarcelado, le bastaría con decir: «Socorredme, don Martín», para que él viniera en su ayuda y recuperara la libertad.

Después de todo lo cual, se separaron.

Una noche muy oscura, pues los que son amigos del delito actúan siempre en la oscuridad, aquel hombre se dirigió a casa de un comerciante. Cuando llegó a la puerta, el diablo se la abrió, así como el arca, con lo que consiguió un buen botín.

Otro día cometió un hurto mayor, y después otro, hasta que se hizo tan rico que ya no se acordaba de la pobreza en que había vivido. Pero, como aquel desdichado no se sentía contento por haber salido de la penuria, siguió robando cada vez más; y tanto robó que acabó en la cárcel.

Al verse prendido, llamó a don Martín, para que le ayudase. Don Martín llegó en seguida y lo sacó de la prisión. Viendo el hombre que el diablo cumplía su palabra, comenzó a robar como al principio, haciendo muchos más robos, hasta el extremo de que llegó a ser muy rico.

Una vez, cuando estaba cometiendo un robo, fue sorprendido y lo llevaron a la cárcel. El hombre invocó a don Martín, pero este no vino tan rápidamente como la vez anterior, sino cuando ya los jueces del lugar habían iniciado sus indagaciones sobre el delito. Cuando don Martín llegó, le dijo el hombre:

—¡Ay, don Martín! ¡Cuánto miedo he pasado! ¿Por qué habéis tardado tanto?

Le contestó don Martín que estaba resolviendo otros asuntos muy importantes y que por eso había tardado más, pero en seguida lo sacó de la prisión.

El hombre volvió a sus robos y, como robaba tanto, fue encarcelado otra vez. Practicadas las diligencias, los jueces lo sentenciaron. Esta vez don Martín lo sacó del peligro, pero cuando ya había sido juzgado y condenado.

El hombre volvió a robar porque comprobó que don Martín siempre venía en su ayuda. Pero de nuevo lo cogieron y lo encarcelaron y, aunque llamó a don Martín, este no vino. Tanto se demoró que el hombre fue juzgado y condenado a muerte, y solo entonces llegó don Martín, que apeló al rey, librándolo así de la prisión y devolviéndole la libertad.

De nuevo volvió a robar y otra vez fue encarcelado. Llamó a don Martín, que no vino hasta que ya lo habían condenado a la horca. Cuando el hombre subía al cadalso, apareció don Martín y el hombre le dijo:

—¡Ay, don Martín! ¡Que esto no es una broma, pues he pasado mucho miedo!

Le contestó don Martín que él traía consigo 500 maravedíes en una bolsa, que se los diera al juez y de este modo quedaría libre. El juez ya había ordenado que lo ahorcasen, pero no encontraban la soga; mientras la buscaban, llamó el hombre al juez y le entregó la bolsita con el dinero. Pensando el juez que le entregaba 500 maravedíes, dijo a las gentes que allí estaban:

—Amigos, ¿se ha visto alguna vez que falte soga para ahorcar a un hombre? Ciertamente, este hombre debe de ser inocente, pues Dios no quiere que muera y, por eso, nos falta la soga. Dejémoslo para mañana, y veremos su caso con más calma; porque, si es culpable, no nos faltará tiempo para ejecutar la sentencia.

El juez hacía esto para liberarlo, por el dinero que creía que le había entregado. Cuando aplazaron su ejecución, el juez se fue a un lugar retirado y abrió la limosnera, donde esperaba encontrar los 500 maravedíes; pero solo encontró una soga, y no el dinero. Apenas vio esto, lo mandó ahorcar.

Cuando ya iban a colgarlo, vino don Martín y el hombre le pidió que le ayudase; pero don Martín le contestó que siempre socorría a sus amigos hasta verlos en aquel lugar.

Así perdió su vida y su alma aquel desdichado, por confiar en el demonio y obedecerlo. Pues debéis tener por cierto que jamás nadie, que haya creído en sus promesas o confiado en él, ha tenido buen fin; mirad, si no, a todos los que hacen agüeros, o echan suertes, a los adivinos, a quienes invocan al demonio, a los que hacen encantamientos o practican la magia, y veréis que siempre acaban muy mal. Acordaos, si no me creéis, de Álvar Núñez y de Garcilaso, que tanto confiaron en agüeros y en encantamientos, y de cómo terminaron para su desdicha.

Vos, señor conde Lucanor, si queréis llevar buena vida y salvar el alma, confiad en Dios, depositad en él vuestra esperanza y esforzaos cuanto pudiereis, que Él os ayudará. Pero no creáis ni confiéis en agüeros, ni en cosas parecidas, pues, de cuantos pecados existen, este es el que más ofende a Dios y el que más aleja a los hombres de su Creador.

El conde vio que este era un buen consejo, obró según él y le fue muy bien.

Como don Juan vio que este cuento era muy bueno, lo mandó escribir en este libro e hizo estos versos que dicen así:

> Mala muerte le espera, mala vida le aguarda
> al que en Dios no confía, ni goza en su esperanza.

Ejemplo XLVI. Lo que sucedió a un filósofo que por casualidad entró en una calle donde vivían malas mujeres

Otra vez hablaba el conde Lucanor con Patronio, su consejero, de este modo:

—Patronio, vos sabéis que una de las cosas de este mundo por la que más debemos esforzarnos es por alcanzar buena fama y conservarla intacta. Como sé que en esto y en otras tantas cosas nadie me podrá aconsejar mejor que vos, os ruego que me digáis cómo podré acrecentar y guardar mi fama.

—Señor conde Lucanor —dijo Patronio—, mucho me agrada lo que decís. Para que podáis hacer en esto lo mejor, me gustaría que supierais cuanto ocurrió a un gran filósofo, que era muy anciano.

El señor conde le preguntó lo que le había ocurrido.

—Señor conde —dijo Patronio—, un gran filósofo, que vivía en una ciudad del reino de Marruecos, padecía una molesta enfermedad, pues solo podía obrar con dolor, con pena y muy despacio.

Para librarlo de las molestias que padecía, le habían mandado los médicos que, siempre que lo necesitara, obrase en seguida, sin dejarlo para más tarde, pues pensaban que, cuanto más lo dejase, las heces se pondrían más secas y duras, con el consiguiente daño y perjuicio para su salud. Siguiendo el consejo de sus médicos, obraba como os digo y sentía cierto alivio.

Sucedió que un día, yendo por una calle de aquella ciudad, en la que tenía muchos discípulos que seguían sus enseñanzas, le vinieron ganas de obrar como os he contado. Para hacer lo que sus médicos le aconsejaban y que tan buenos resultados le daba, se metió en una callejuela para hacer lo excusado.

Dio la casualidad de que en aquella calleja vivían las mujeres de vida pública, que si hacen daño a su cuerpo también deshonran su alma. Pero el filósofo nada sabía de que aquellas mujeres vivieran allí. Por la clase de enfermedad que padecía, por el tiempo que permaneció en aquel lugar y por el aspecto que ofrecía al salir de la calleja, aunque ignoraba quiénes vivían allí, todos pensaron que había ido allí para hacer algo impropio de lo que debe hacerse y de lo que hasta entonces había hecho. Si alguna persona respetable hace alguna cosa que merece censura y crítica, por pequeña que sea, a todos les parece peor y da más que hablar que cuando se trata de alguien que hace públicamente cosas peores; así, a este filósofo comenzaron a criticarlo y a hablar mal de él, pues, siendo tan anciano y aparentando tanta virtud, había visitado un lugar como aquel, tan dañino para su cuerpo, para su alma y para su propia fama.

Cuando llegó a su casa, vinieron a él sus discípulos que, con mucha pena y pesar, le dijeron qué desgracia o pecado había sido aquel por el cual se había desprestigiado a sí mismo y a ellos, sus discípulos, a la vez que había perdido la fama que hasta entonces había conservado sin mancha alguna.

El filósofo, al oírles hablar así, se asombró mucho y les preguntó por qué decían aquello, o qué falta había cometido, pues no sabía de qué le estaban hablando. Ellos le contestaron que no debía disimular, pues no quedaba nadie de la ciudad que no comentara su mala acción al visitar la calleja donde vivían las malas mujeres.

Cuando el sabio escuchó esta explicación, sintió gran pesar, pero les pidió que no se lamentaran, pues de allí a ocho días les podría dar una respuesta.

Se retiró luego a su estudio, donde escribió un libro, corto pero muy bueno y provechoso. Amén de otras cosas buenas que tiene, como si mantuviera una conversación con sus discípulos sobre la buena y mala ventura, les dice así:

«Hijos, con la buena y la mala suerte sucede así: a veces se la busca y se la encuentra, aunque a veces es encontrada sin buscarla. La buscada y hallada es cuando un hombre hace buenas acciones, gracias a las cuales consigue alguna felicidad; eso mismo ocurre cuando por sus malas obras le sucede alguna desgracia. Esta es la suerte, buena o mala, hallada y buscada por el hombre, pues hace cuanto puede para que le venga el bien o el mal que busca.

»Igualmente, la hallada y no buscada es cuando a un hombre, sin hacer nada para ello, le sucede alguna cosa buena o algún bien; por ejemplo, un hombre que vaya por el campo y encuentre un gran tesoro o cualquier cosa de gran valor sin haberse esforzado en buscarlo. Eso mismo ocurre cuando a un hombre, sin haberlo merecido, le sobreviene alguna cosa mala o alguna desgracia; es como si un hombre fuera caminando por la calle y le cayera una piedra que otro lanzó contra un pájaro que iba por el cielo. Esta es la mala ventura encontrada y no buscada, puesto que ese hombre nunca hizo nada para que le ocurriera esa desgracia.

»Hijos, debéis saber que en la buena o mala suerte hallada y buscada se unen dos cosas: que el hombre se ayude a sí mismo, haciendo el bien para lograr el bien y obrando mal si es esto lo que busca; además, merecerá el premio o el castigo de Dios según sus obras sean buenas o malas. Igualmente, en la suerte buena o mala, hallada y no buscada, se necesitan otras dos cosas: que el hombre evite en cuanto le sea posible hacer el mal o parecerlo, de donde le pueda venir alguna desgracia o mala fama y, en segundo lugar, pedir y rogar a Dios que, pues Él procura alejar de nosotros la desventura o la mala fama, también le ayude para que no le sobrevenga alguna desgracia, como me ocurrió a mí el otro día cuando entré en una calleja para hacer lo que no se podía excusar por mi propia salud que, aunque era algo inocente y de lo que no podía venirme mala fama, como por desventura mía vivían allí aquellas mujeres, aunque yo salía sin culpa, fui muy criticado y quedé infamado.»

Vos, Conde Lucanor, si queréis mantener y acrecentar vuestra fama y honra, debéis hacer tres cosas: la primera, muy buenas obras que complazcan a Dios y, logrado esto, que, después, en cuanto sea posible, agraden también a los hombres, cuidando siempre vuestro estado y dignidad, pero sin olvidar que, por muy buena fama que tengáis, podéis perderla si, debiendo realizar buenas obras, hacéis las opuestas, porque muchos hombres obraron bien durante cierto tiempo y, como después se apartaron de ese camino, perdieron los méritos conseguidos y acabaron de mala manera. La segunda cosa es rogar a Dios para que os ilumine en la conservación y aumento de vuestra fama, a la vez que aleje de vos la ocasión de perderla, por obras o palabras vuestras. La tercera cosa es que ni de palabra ni de obra hagáis nunca nada por lo que las gentes pongan en duda vuestra fama, que siempre debéis guardar por encima de todo, pues muchas veces los hombres hacen buenas acciones, pero, como levantan sospechas y parecen malas, ante la opinión de las gentes quedan como realmente malas. Tened presente siempre que en asuntos tocantes a la fama tanto aprovecha o perjudica lo que opinan las gentes como la propia verdad, aunque para Dios y para el alma solo cuentan las obras que el hombre hace, así como la intención que guarda.

Al conde le pareció este cuento muy bueno y rogó a Dios para que le permitiera hacer las obras necesarias para salvar su alma y aumentar su fama, su honra y su estado.

Y como don Juan vio que el cuento era excelente, lo mandó escribir en este libro e hizo unos versos que dicen así:

> Haz siempre el bien sin levantar recelos,
> que así siempre tu fama se extienda por los cielos.

Ejemplo XLVII. Lo que sucedió a un moro con una hermana suya que decía ser muy miedosa

Un día hablaba el conde Lucanor con Patronio de este modo:

—Patronio, sabed que tengo un hermano de padre y madre, mayor que yo, por lo cual debo respetarlo y obedecerlo como a mis mayores. Tiene fama de ser muy inteligente y buen cristiano, pero Dios ha querido que yo sea más rico y poderoso que él y, aunque no quiere reconocerlo, estoy seguro de que me envidia. Cada vez que necesito su ayuda o le pido que haga algo por mí, se excusa diciendo que no puede por ser pecado y, dando largas al asunto, deja de ayudarme. Sin embargo, cuando él precisa mi ayuda, me dice que, aunque se hundiera el mundo, debo arriesgar mi vida y mis bienes por hacer lo que me pide. Como habitualmente se comporta así, os ruego que me aconsejéis el modo más conveniente de solucionar este asunto.

—Señor conde —dijo Patronio—, me parece que el comportamiento de vuestro hermano se parece mucho al de una mora con el suyo.

El conde le preguntó lo que había sucedido.

—Señor conde —dijo Patronio— un moro tenía una hermana tan mirada que, por cualquier cosa que veía o le hacían, daba a entender que sentía miedo y espanto. Era tan delicada que, cuando bebía en unas jarritas que tienen los moros, como el agua suena entonces un poco, decía que le entraba tanto miedo con el ruido que estaba a punto de desmayarse.

Su hermano era muy buen muchacho, pero muy pobre, y, como la pobreza obliga a los hombres a hacer lo que no quieren, aquel joven tenía que ganarse la vida de modo muy vergonzoso, pues, cada vez que se moría alguien, iba de noche al cementerio y le quitaba la mortaja, así como las ofrendas funerarias. Así se mantenían su hermana, él y toda la familia. Y la muchacha lo sabía.

Una vez murió un hombre muy rico, al que enterraron con lujosos vestidos, alhajas y cosas de mucho valor. Cuando se enteró su hermana, le dijo que quería acompañarlo aquella noche para ayudarle a traer todas las riquezas con que lo habían enterrado.

Estando ya muy oscuro, se fueron el mancebo y su hermana al cementerio, llegaron a la tumba del difunto y la abrieron, pero, cuando le quisieron quitar los ricos paños que vestía, vieron que no podían hacerlo sin cortarlos, o bien, rompiendo la cerviz del difunto.

Al ver la hermana que, si no le quebraban la cerviz al muerto, tendrían que romper las ropas, con lo cual perderían todo su valor, cogió con sus manos la cabeza del difunto y, sin compasión y sin pena, la separó del cuerpo, que descoyuntó todo. Luego le quitó ella las ropas que vestía, así como las riquezas, y se marcharon los dos.

Mas al día siguiente, cuando estaban comiendo, al beber agua, la jarrita empezó a sonar y la mora dijo que iba a desmayarse por aquel pequeño ruido. Cuando su hermano lo vio y se acordó de la frialdad y de la indiferencia que había demostrado al descoyuntar la cabeza del muerto, le dijo en árabe:

—Aha ya ohti, tafza min bocu, bocu, va liz tafza min fotuh encu.

Lo que quiere decir: «Ay, hermana, os asustáis del sonido de la jarrita, que hace gluglú, y no os dio miedo la cabeza del muerto». Esta frase se ha convertido en un refrán, que utilizan mucho los moros.

Vos, señor conde Lucanor, si veis que vuestro hermano mayor se excusa de hacer lo que os conviene —tal como me habéis contado—, pretextando que es pecado lo que le pedís, aunque no lo sea, y luego os pide a vos que hagáis lo que a él interesa, aunque sea pecado más grave y perjudicial para vos, comprended que actúa como la mora, que se espantaba del sonido del agua en la jarrita y no le producía miedo descoyuntar la cabeza del muerto. Cuando os pida que hagáis en su favor algo que pueda perjudicaros, portaos con él como él lo hace con vos: dadle buenas palabras y estad muy amable con él. Si os pide algo que no os perjudique, ayudadle si podéis; pero, si no es así, excusaos siempre de forma muy cortés, para que al final, por un medio o por otro, su petición quede desatendida.

Comprendió el conde que Patronio le daba un buen consejo, lo siguió y le fue muy bien.

Y viendo don Juan que este cuento era bueno, lo mandó escribir en este libro e hizo estos versos que dicen así:

> Si alguno no quiere en lo tuyo ayudar,
> cuando algo te pida, responde que lo harás.

Ejemplo XLVIII. Lo que sucedió a uno que probaba a sus amigos

Otra vez, hablando el conde Lucanor con Patronio, su consejero, le dijo:

—Patronio, tengo muchos amigos, según creo, los cuales me prometen hacer cuanto me convenga, aunque para ello tengan que arriesgar vida o hacienda, e incluso me juran que estarán siempre junto a mí a pesar de cualquier peligro. Como sois de muy agudo entendimiento, os ruego que me digáis de qué manera podré saber si estos amigos míos harán por mí cuanto dicen.

—Señor conde Lucanor —respondió Patronio—, un buen amigo es lo mejor y más preciado del mundo, pero pensad que, cuando vienen necesidades y desventuras, son muy pocos los que quedan junto a nosotros; además, si el riesgo no es grande, es difícil saber quién sería verdadero amigo en unas circunstancias apuradas. Así, para que sepáis qué amigos son los verdaderos, me gustaría que supierais lo que sucedió a un hombre honrado con un hijo suyo que se jactaba de tener muchos y leales amigos.

El conde le preguntó qué le había pasado.

—Señor conde Lucanor —dijo Patronio—, aquel hombre honrado tenía un hijo al que, entre otras muchas advertencias, siempre le aconsejaba que se esforzara por conseguir muchos y buenos amigos. El hijo lo hizo así y comenzó a rodearse de muchos, a los que agasajó y obsequió para ganarse su amistad. Y todos aquellos le declaraban una y otra vez su amistad, diciéndole que harían por él cuanto fuera necesario, y que incluso arriesgarían su vida y sus bienes llegada la ocasión.

Un día, estando aquel mancebo con su padre, este le preguntó si había seguido sus consejos y si había ganado muchos amigos. El mancebo le contestó que tenía muchos y que, sobre todo, había diez de quienes podía asegurar que, ni por miedo a la misma muerte, lo abandonarían en un lance de peligro para él.

Cuando el padre escuchó decir esto, le replicó que se sorprendía de que en tan poco tiempo hubiese ganado tantos y tan fieles amigos, pues él, que ya era anciano, no tenía más que un amigo y medio. El hijo comenzó a porfiar, afirmando una y otra vez que era verdad lo que le contaba de sus amigos. Cuando el padre vio porfiar así a su hijo, le rogó que los probase de este modo: que matara un cerdo, que lo metiera en un saco y que fuera a casa de cada uno de sus amigos y les dijera que llevaba a un hombre a quien él había muerto. También debería decirles que, si su crimen llegaba a ser conocido por la justicia, no podrían, por nada del mundo, escapar a la muerte ni él ni ninguno de sus encubridores; y por eso les rogaba que, como eran sus amigos, ocultaran el cadáver y lo defendieran si fuera necesario.

Así lo hizo el mancebo y se fue a probar a sus amigos, como su padre le había mandado. Cuando llegó a casa de cada uno de ellos y les contó el peligro que corría, todos le dijeron que en otras necesidades le ayudarían, pero no en esta, porque podrían perder vida y hacienda; y le pidieron, por Dios, que nadie supiese que había hablado con ellos. Algunos de sus amigos le dijeron que, si era condenado a muerte, pedirían clemencia para él; otros le aseguraron que, cuando lo llevaran a ejecutar, estarían con él hasta el último momento y luego lo enterrarían muy solemnemente.

Cuando el mancebo hubo probado así a todos sus amigos y ninguno le socorrió, fue a casa de su padre y le dijo lo que había pasado. Al oírlo, el padre le respondió que ya había comprobado que más saben quienes mucho han visto y vivido que los que no tienen ninguna experiencia del mundo o de la vida. Entonces le dijo otra vez que él no tenía más que amigo y medio, y le mandó que fuese a probarlos.

El mancebo fue a probar al que su padre calificaba de medio amigo y llegó a su casa de noche, con el cerdo a cuestas. Llamó a la puerta y le contó al medio amigo de su padre la desgracia que le había ocurrido y cómo sus amigos lo habían abandonado; por último, le rogó que, por la amistad que tenía con su padre, le ayudase en aquella situación tan peligrosa.

Cuando el medio amigo escuchó sus palabras, le contestó que no tenía con él amistad ni trato como para arriesgarse tanto, pero que, sin embargo, por la estimación que sentía hacia su padre, estaba dispuesto a encubrirlo.

Y entonces se echó a la espalda el saco con el cerdo muerto, pensando que era efectivamente un hombre, lo llevó a la huerta y lo enterró en un surco de coles; volvió a ponerlas como estaban antes, y despidió al mancebo, al que deseó buena suerte.

El mancebo regresó a casa de su padre y le contó lo que le había pasado con su medio amigo. Le mandó su padre que al día siguiente, cuando estuviesen en concejo, empezara a discutir sobre cualquier asunto con su medio amigo y que, además de discutir, le diera en el rostro la mayor bofetada que pudiese. El joven hizo lo que su padre le mandó y, cuando el medio amigo se vio abofeteado en público, lo miró y le dijo:

—En verdad, hijo mío, que has obrado muy mal; pero ten por seguro que ni por esta ofensa ni por otra mayor descubriré las coles de la huerta.

Cuando el mancebo se lo contó a su padre, este le mandó que probara a quien consideraba un amigo cabal. El hijo así lo hizo. El mancebo llegó a casa del amigo de su padre, le contó la falsa historia del muerto y, al oírlo, el hombre bueno, amigo de su padre, le prometió guardarlo de daño y muerte. Sucedió, casualmente, que por aquellos días habían muerto a un hombre en aquella ciudad y no sabían quién era el culpable. Como algunos vieron a aquel joven ir y venir muchas veces con el saco a cuestas, al amparo de la noche, pensaron que sería él el asesino.

Pero ¿para qué extenderse más? El mancebo fue juzgado y condenado a muerte. El amigo de su padre había hecho cuanto podía para que consiguiera escapar; pero, cuando vio que era imposible evitar su castigo, declaró ante los jueces que no quería ser responsable de la muerte de un inocente y, así, les dijo que aquel mancebo no era el asesino, sino que el matador era el único hijo que él tenía. Mandó a su hijo que se declarara culpable, cosa que hizo, y fue por ello ajusticiado. Así escapó de la muerte el joven, gracias al sacrificio del amigo de su padre.

Señor conde Lucanor, ya os he contado cómo se prueban los amigos. Creo que esta historia nos enseña a reconocer a los buenos amigos, a probarlos antes de ponernos en un grave peligro confiados en su amistad, y también permite saber hasta dónde estarán dispuestos a socorrernos cuando fuera necesario. Podéis estar seguro de que hay algunos amigos verdaderos, pero son muchos más los que se llaman amigos solo en la prosperidad y, cuando la fortuna es adversa, desaparecen.

Esta historia tiene también la siguiente interpretación espiritual: todos los hombres creen tener amigos en este mundo, pero, cuando viene la muerte, han de probarlos en este trance y, por eso, piden consuelo a los seglares, que les dicen tener ya bastantes preocupaciones propias; los religiosos les prometen rezos y súplicas por su alma; e incluso su mujer e hijos les contestan simplemente que los acompañarán hasta la sepultura y que harán por ellos exequias muy lujosas. Así prueban a quienes tenían como verdaderos amigos. Y como no hallan en ellos ayuda alguna contra la muerte, se vuelven a Dios, que es nuestro padre, del mismo modo que el mancebo de la historia se refugió en su padre, al verse desamparado de quienes creía amigos suyos, y Dios entonces les manda probar a los santos, que son como medio amigos. Así lo hacen. Tan grandes son la bondad y piedad de los santos y, sobre todo, el amor de Santa María, que no dejan de rogar a Cristo por los pecadores. La Virgen María le recuerda a su hijo cómo fue su Madre y los trabajos que padeció por Él, y los santos le evocan los dolores, las penas, los tormentos y las persecuciones que sufrieron por su nombre; y todo esto lo hacen para encubrir nuestros pecados. Y así, aunque hayan recibido muchas ofensas, no nos descubren ni nos acusan, como no acusó al mancebo el medio amigo de su padre, a pesar de la bofetada que le dio el hijo de su amigo.

Cuando el pecador siente que, a pesar de estas intercesiones, no puede escapar del castigo eterno, se vuelve a Dios, como volvió el mancebo de la historia a su padre al comprobar que nadie podía evitar su muerte. Y Dios Nuestro Señor, como Padre y Amigo verdadero, acordándose del amor que profesa al hombre, criatura suya, hizo como el buen amigo, pues envió a su Hijo Jesucristo para que muriese por la redención de nuestras culpas y pecados, aunque Él era inocente y estaba limpio de falta alguna. Y Jesucristo, como buen hijo, obedeció a su Padre, y siendo Dios y Hombre verdaderos quiso recibir y padecer la muerte para, con su sangre, limpiarnos de nuestros pecados.

Y ahora, señor conde Lucanor, pensad cuáles de estos amigos son los mejores y más fieles, y a quiénes debemos ganar y considerar como tales. Al conde le agradaron mucho estas razones, que encontró claras y excelentes.

Viendo don Juan que este ejemplo era bueno lo mandó escribir en este libro y compuso estos versos:

Nunca podría el hombre tan buen amigo hallar
sino Dios, que lo quiso con su sangre comprar.

Ejemplo XLIX. Lo que sucedió al que dejaron desnudo en una isla al acabar su mandato

Otra vez hablaba el conde Lucanor con Patronio, su consejero, y le dijo:

—Patronio, muchos me dicen que, como soy tan ilustre y poderoso, debo aumentar mis bienes, mi poder y mi honra, pues esto es lo más indicado para mí y lo más propio de mi estado. Como sé que vuestros consejos son muy sabios y siempre lo han sido, os ruego que me digáis lo que, en vuestra opinión, más me favorece.

—Señor conde Lucanor —dijo Patronio—, es muy difícil daros el consejo que me pedís por dos razones: la primera, porque, al aconsejaros, tendré que contrariar en parte vuestra voluntad; la segunda razón es que podría ser inoportuno contradecir los consejos que parecen favoreceros. Como en este caso se dan las dos circunstancias, me resulta muy arriesgado disuadiros de lo que os aconsejan. Sin embargo, como todo consejero, si es leal, no debe buscar sino el provecho de su señor, para lo cual deberá aconsejarle lo mejor que sepa, sin preocuparle nunca el propio provecho o el perjuicio que pueda venirle, ni el agrado o desagrado de su señor, os diré por ello lo que me parece que os será más útil y más honroso. Así, debo deciros que quienes os aconsejan aumentar vuestros bienes solo a medias os dan buen consejo, que no es perfecto del todo ni tampoco es bueno para vos. Para que veáis esto mejor, me gustaría mucho que supierais lo que sucedió a un hombre al que le hicieron señor de su país.

El conde le preguntó lo que había ocurrido.

—Señor conde Lucanor —dijo Patronio—, en un país tenían la costumbre de elegir a un hombre como señor para un solo año, durante el cual lo obedecían en todo. Pero al terminar el año, le quitaban cuanto poseía, lo llevaban a un a isla desierta y lo dejaban desnudo, sin permitir que nadie lo acompañara.

Sucedió una vez que fue elegido como señor un hombre mucho más inteligente y más previsor que cualquiera de sus antecesores. Como sabía que, al terminar su mandato, le harían lo mismo que a los otros, antes de que su mandato expirase, sin que nadie se enterara, mandó construir en la isla donde sería desterrado una casa grande y confortable, en la que guardó cuantas provisiones pudiera necesitar para el resto de su vida. La casa fue construida en un lugar tan oculto que nadie ni ninguno de los que lo habían elegido señor pudo descubrirla. También advirtió a algunos amigos y familiares que, si ellos veían que le faltaba algo de lo necesario, se lo enviasen, para que jamás careciese de alimentos o vestiduras.

Cuando se cumplió el año y los de aquella tierra lo despojaron del mando, lo llevaron desnudo a la isla, como hacían con todos; pero él pudo vivir muy felizmente, pues, como había sido tan previsor al mandar construir aquella casa, puedo vivir en ella contento y feliz.

Vos, señor conde Lucanor, si queréis escuchar mi consejo, pensad que, durante vuestra vida en este mundo, pues ciertamente tendréis que dejarla y partir desnudo hacia la otra vida, sin poder llevaros nada de aquí salvo las buenas obras, debéis procurar hacer tantas y tan grandes que, al abandonar este mundo, os hayáis construido una sólida morada en el otro; y aunque salgáis desnudo de este, tendréis ganada una mansión para la vida eterna. Sabed, además, que la vida del espíritu no se cuenta por años, pues el alma es eterna y no puede morir ni corromperse, sino que vive por los siglos de los siglos. Sabed, también, que Dios apunta las obras buenas y malas que hacen los hombres en este mundo, para darles un premio o un castigo en el otro, según sus merecimientos. Por todas estas razones, debo aconsejaros que hagáis tales obras en este mundo que, cuando lo abandonéis, encontréis buena mansión en el otro, donde viviréis eternamente, y que por las dignidades y honras de este mundo, que son vanas y perecederas, no queráis perder lo que ha de durar para siempre. Estas buenas obras que os digo debéis hacerlas sin ostentación ni vanagloria, para que, aunque sean conocidas por los demás, no parezcan fruto del orgullo o de la presunción. Además, pedid a vuestros amigos que hagan por vuestra alma lo que vos no hayáis podido terminar en la tierra. Pero, tenido todo esto en cuenta, pienso que no solo podéis sino que debéis hacer cuanto esté en vuestras manos para mantener y acrecentar vuestra riqueza y poder.

El conde comprendió que este cuento no solo era muy bueno sino que también guardaba un buen consejo; por ello, pidió al Señor que le ayudase para obrar como Patronio le había aconsejado.

Y viendo don Juan que esta historia era muy buena, la mandó escribir en este libro e hizo unos versos que dicen así:

Por este mundo vano, fugaz, perecedero,
no pierdas nunca el otro, mucho más duradero.

Ejemplo L. Lo que sucedió a Saladino con la mujer de un vasallo suyo

Hablaba otra vez el conde Lucanor con Patronio, su consejero, de este modo:

—Patronio, bien sé yo que sois tan inteligente que nadie de esta tierra podría responder mejor que vos a lo que se le preguntase. Por ello os ruego que me digáis cuál es la mejor cualidad que puede tener el hombre. Os lo pregunto porque comprendo que son necesarias muchas virtudes para elegir lo mejor y hacerlo, pues, si solamente vemos lo que debe hacerse, pero no sabemos poner los medios para ejecutarlo, no aumentaremos mucho nuestra fama o prestigio. Como las cualidades son tantas, querría saber cuál es la principal, para tenerla siempre presente en mis decisiones.

—Señor conde Lucanor —dijo Patronio—, vos, por vuestra bondad, me elogiáis mucho y me decís siempre que soy muy inteligente. Pero, señor conde, creo que estáis confundido o equivocado. Pues sabed que no existe nada en el mundo en que tan fácilmente nos engañemos como en el conocimiento de las personas y de su inteligencia, ya que son dos cosas distintas, una, saber cómo es el hombre, y otra, ponderar su inteligencia. Para conocer cómo es la persona, hemos de observar cómo son las obras que cada uno hace para Dios y para el mundo, pues muchos parecen realizar buenas obras que no lo son, ya que su objeto es ganar la alabanza de las gentes. Tened por cierto que su falsa virtud les costará muy cara, pues se trata de algo que apenas dura un día y, sin embargo, los llevará al castigo eterno. Hay otros que hacen buenas obras en servicio y honra de Dios, sin preocuparse de vanidades mundanas, y aunque estos eligen la mejor parte, que nunca podrán perder, ni los unos ni los otros atienden los caminos de Dios y del mundo, por los que es necesario transitar.

Para no descuidar ninguno de estos dos caminos, se necesitan muy buenas obras y sutil inteligencia, lo que es tan difícil de aunar como meter la mano en el fuego y sacarla sin quemaduras; pero, si el hombre cuenta con la ayuda de Dios y sabe, además, ayudarse a sí mismo, todo puede conseguirse, pues ha habido muchos buenos reyes y hombres santos que fueron justos ante Dios y ante el mundo. También os digo que, para saber quién es inteligente, hay que mirar bien las cosas, pues muchos dicen muy buenas palabras y hermosas sentencias, pero no llevan sus asuntos tan bien como les sería conveniente; otros, por el contrario, los gestionan de modo excelente, pero no quieren o no pueden decir tres palabras acertadas. Los hay también que hablan con mucha elegancia y saben desenvolverse, pero, como tienen mala intención, aunque encuentran siempre beneficio para ellos, sus obras perjudican a los demás. Sabed que de estos dicen las Escrituras que son como el loco que lleva una espada en la mano o como un mal príncipe que tiene mucho poder.

Mas, para que vos y todos los hombres podáis conocer quién es bueno para Dios y para el mundo, quién es el inteligente, quién el de palabra fácil, quién el de buen entender, y así podáis escogerlo, conviene que no juzguéis a nadie sino por las buenas obras que haga durante largo tiempo y no por las hechas en un corto periodo, así como por el aumento o disminución de sus bienes; que en estas dos cosas se puede comprobar cuanto os dije antes.

Todas estas razones os he dicho porque con mucha frecuencia me alabáis y destacáis mi inteligencia, pero estoy seguro de que, si pensáis en todas estas cosas, no me elogiaríais tanto.

Para responder a la pregunta de cuál es la mejor cualidad que puede tener el hombre, me gustaría contaros lo que sucedió a Saladino con una dama muy honrada, mujer de un caballero vasallo suyo, y así sabríais cuál es la mejor condición de una persona.

El conde le preguntó lo que había sucedido.

—Señor conde Lucanor —dijo Patronio—, Saladino era sultán de Babilonia y siempre llevaba un cortejo muy numeroso. Como una vez no se pudieron aposentar todos en la misma casa, él se alojó en la de un caballero. Cuando este vio a su señor, que era tan honrado y poderoso, en su casa, hizo cuanto pudo por complacerlo y servirlo, y lo mismo hicieron su mujer, sus hijos y sus hijas. Pero el diablo, que siempre busca la manera de confundir y hacer pecar a los hombres, hizo que Saladino se olvidase del respeto que se debía a sí mismo y a su vasallo y que se enamorara de aquella dama apasionadamente.

Tanto la deseaba que llegó a pedir ayuda a un mal consejero, para que le indicara el modo de conseguirla. Sabed, señor conde, que todos deben pedir a Dios que guarde a su señor de malos deseos, pues, si llega a concebirlos y desea realizarlos, nunca faltará alguien que le aconseje mal y le ayude a ponerlos en práctica.

Así le ocurrió a Saladino, que en seguida encontró quien le dijera cómo llegar hasta aquella dama. El mal consejero le sugirió que hiciera llamar al marido, que le concediese muchas riquezas y que lo pusiera al frente de un numeroso ejército, con el cual debería partir a lejanas tierras, en cualquier empresa del sultán. Cuando el caballero se hubiera alejado, Saladino podría cumplir sus propósitos.

El ardid satisfizo mucho al sultán, que así lo hizo. Cuando el caballero ya había partido en servicio de su señor, pensando que había tenido mucha suerte y que quedaba muy amigo del sultán, Saladino se dirigió a casa del caballero. Al saber la honrada dama que venía otra vez a su casa, como había otorgado tanto merecimiento a su marido, recibió muy bien al sultán, al que sirvió y complació en cuanto pudieron ella y sus criados. Después de comer, Saladino entró en su cámara y pidió que viniese ella. La señora, creyendo que necesitaba algo, fue a la habitación del sultán. Al verla, Saladino le dijo que la amaba mucho. Ella, sin embargo, aunque comprendió muy bien sus intenciones, al oírle decir esto hizo como si no lo hubiera entendido, respondiéndole que se lo agradecía y que pedía a Dios que le diera larga y buena vida, pues bien sabía Dios con qué frecuencia le pedía por él, para que nunca corriese ningún peligro, cosa que debía hacer por ser él su señor y, sobre todo, por las mercedes otorgadas a su marido y a ella.

Saladino le replicó que, aparte de eso, la amaba más que a ninguna otra mujer del mundo. Ella volvió a darle las gracias, como si no hubiera comprendido sus intenciones. ¿Para qué alargarlo más? El sultán le dijo el alcance de sus pretensiones y la dama, al oírlo, como era muy honrada y muy inteligente, le contestó a Saladino:

—Señor, aunque soy una humilde mujer, sé que el amor no está en manos del hombre, sino este en manos del amor. También se que, si vos decís que me amáis tanto, puede ser verdad, pero sé también que, cuando a los hombres, sobre todo a los señores, les gusta una mujer, prometen hacer cuanto ella quiera, mas cuando la ven sin honra y escarnecida, la estiman en poco y, como es natural, ella queda burlada y deshonrada. Yo, señor, sospecho que eso mismo me ocurrirá a mí.

Saladino intentó convencerla, jurando que haría cuanto ella quisiese para que siempre viviera felizmente. Cuando oyó decir esto al sultán, la buena esposa le respondió que, si él le prometía hacer, antes de forzarla y deshonrarla, lo que le iba a pedir, ella haría todo lo que él quisiese, una vez cumplida su promesa.

Le contestó Saladino diciendo que temía que le pidiera no tratar nunca más de este asunto, pero ella le respondió que no se trataría de eso ni de nada que no pudiera hacerse. Saladino, entonces, se lo prometió. La honrada dama le besó la mano y los pies, y le dijo que lo único que quería era que le dijese cuál era la mejor cualidad del hombre, la que era madre y cabeza de todas las demás virtudes.

Cuando el sultán oyó esto, se puso a pensar la respuesta con mucho interés, pero no se le ocurría ninguna. Como le había prometido no tocarla hasta cumplir lo pactado, le pidió algún tiempo para pensar. Ella le respondió que haría todo lo que él mandase en el momento que le contestara a su pregunta, sin fijar un plazo para ello.

Así ocurrió entre ellos. Saladino se volvió con los suyos y, como si fuera por otro motivo, preguntó a todos sus sabios. Unos le contestaron que la mejor cualidad del hombre era un alma buena. Otros afamaban que eso podía ser verdad para el otro mundo, pero que solo la bondad de corazón no era lo mejor para este. Otros sabios opinaban que lo mejor era la lealtad, aunque había quienes opinaban que, siendo la lealtad muy buena, se podía ser al mismo tiempo fiel y cobarde, o mezquino, o lascivo, o de malas costumbres, por lo que se necesitaba ser algo más que simplemente fiel. Esto mismo ocurría con todas las buenas cualidades, sin poder encontrar respuesta a la pregunta de Saladino.

Al ver el sultán que no encontraba en su tierra quien pudiera responderle, llamó a dos juglares para irse con ellos por el mundo sin que nadie lo reconociese. Y así, en secreto, cruzó el mar, dirigiéndose a Roma, que es donde se reúnen todos los cristianos. Por mucho que preguntó, nadie supo responderle. Después pasó a la corte del rey de Francia y a las de otros reyes, pero no encontró la respuesta. Así fue transcurriendo tanto tiempo, que hasta llegó a arrepentirse de su empresa.

Si hubiera sido solo por conseguir a aquella dama, ya lo habría dejado, pero, como era tan poderoso, pensaba que sería una deshonra abandonar lo que ya había empezado, pues sin duda es grave humillación para un gran hombre dejar lo que se ha iniciado, con tal de que no sea pecado; pero, si abandona por miedo o por el trabajo que cuesta, le resultará vergonzoso. Por eso Saladino no cejaba en aquel empeño, que lo había llevado fuera de su reino.

Sucedió que un día, andando por un camino con los dos juglares, se encontraron con un escudero que volvía de cazar y que había matado un ciervo. Este escudero se había casado poco tiempo atrás y su padre, que ya era muy anciano, había sido el mejor caballero de aquellos contornos. Por la vejez no podía salir de casa, pero, aunque había perdido la vista, tenía una inteligencia tan experimentada y profunda que su ancianidad no era una carga para él. El escudero, que venía muy alegre, les preguntó de dónde venían y quiénes eran. Ellos dijeron que eran juglares.

Al oír esto, se alegró mucho y les dijo que, como volvía tan contento de cazar, quería hacer una fiesta; les pidió que, pues tan buenos juglares parecían, le acompañasen aquella noche. Le contestaron los tres que no podían detenerse, porque hacía mucho tiempo que habían partido de su tierra para resolver un enigma y que, como no lo conseguían, querían regresar cuanto antes, por lo cual no podían quedarse con él aquella noche.

Tantas veces les preguntó el escudero cuál era la pregunta, que tuvieron que decírsela. Cuando el escudero la supo, les dijo que, si su padre no podía darles la respuesta, nadie podría hacerlo. Luego les contó quién y cómo era su padre.

Cuando Saladino, a quien el escudero tenía por un juglar, escuchó sus palabras, se puso muy contento y se fueron los tres con él. Al llegar a su casa, el escudero dijo a su padre que venía tan contento por haber cazado mucho y por haberse encontrado con aquellos tres juglares. También le dijo lo que andaban preguntando y le pidió que hiciera el favor de contestárselo, pues les había dicho que, si él no era capaz de responderles, nadie podría hacerlo.

Cuando el anciano caballero lo oyó, supo que quien hacía esa pregunta no podía ser un juglar, y contestó a su hijo que les diría la respuesta después de comer. Así se lo dijo el escudero a Saladino, a quien tenía por un juglar, que se alegró mucho, aunque se impacientó bastante pues tenía que esperar, para conocer la respuesta, a que terminaran la comida.

Cuando retiraron los manteles y los juglares hicieron cuanto sabían, el anciano caballero se dirigió a ellos, diciéndoles cómo su hijo le había contado que iban buscando la respuesta a una pregunta, sin que nadie hasta el momento hubiese podido dársela. Luego les pidió que le dijesen la pregunta, que él contestaría hasta donde pudiese.

Entonces Saladino, vestido de juglar, le replicó que la pregunta era esta: cuál es la mejor cualidad que puede tener el hombre, y que es madre y cabeza de todas las demás virtudes.

Al oír la pregunta, el anciano caballero comprendió en seguida de qué se trataba; también reconoció por la voz a Saladino, pues él había vivido mucho tiempo en su casa y había recibido de él muchas gracias y mercedes. Así, le contestó:

—Amigo, lo primero que os diré es que jamás han entrado en mi casa juglares como vos. Sabed también que, hablando con justicia, debo agradeceros cuantos bienes he recibido de vos, aunque de esto no os diré más por el momento, hasta que pueda hablar con vos a solas, para que ninguno sepa nada de vuestra secreta intención. Pero, volviendo a vuestra pregunta, os digo que la mejor cualidad del hombre, que es madre y cabeza de todas las demás, es la vergüenza; pues por vergüenza sufre el hombre la muerte, que es lo peor que existe, y por vergüenza dejamos de hacer las cosas que no parecen buenas, aunque hubiéramos deseado muchísimo hacerlas. Por ello, en la vergüenza están el comienzo y el fin de todas las buenas cualidades, y por vergüenza nos alejamos de los vicios.

Cuando Saladino oyó esto, comprendió que el anciano caballero tenía razón. Al ver que ya había encontrado respuesta para su pregunta, se puso muy alegre y se despidió de él y de su hijo, de los cuales habían sido huéspedes. Pero, antes de abandonar la casa, habló con el sultán el anciano caballero y le contó cómo sabía que era Saladino, recordándole y agradeciéndole las mercedes que de él había recibido. Padre e hijo le sirvieron en cuanto les fue posible, pero sin descubrir a los otros su personalidad.

Ocurridas todas estas cosas, decidió Saladino volver a su tierra lo más pronto posible. Cuando llegó a su reino, fue muy bien recibido por todos, que le hicieron grandes agasajos y celebraron muchas fiestas por su venida.

Terminadas las celebraciones, se encaminó Saladino a la casa de aquella honrada señora que le había formulado la pregunta. Al saber ella que el sultán se acercaba, lo recibió con muchos honores y le atendió muy bien en todo lo que pudo.

Después de haber comido, Saladino entró en su habitación y mandó venir a la buena señora. Ella fue a él, Saladino le contó los trabajos que había pasado para encontrar respuesta a su pregunta, diciéndole que ya la había encontrado, y como él ya podía responderle, cumpliendo así lo que había prometido, debía ella cumplir también su parte. Le contestó ella que le rogaba que siguiera siendo fiel a su promesa y que contestara primero a su pregunta, pues si la respuesta convencía al propio Saladino, ella cumpliría todo lo prometido.

Entonces Saladino le contestó que aceptaba esta última condición y le dijo que la respuesta a su anterior pregunta, de cuál era la mejor cualidad que podía tener el hombre, era esta: la mejor cualidad del hombre, y que es madre y cabeza de todas las virtudes, es la vergüenza.

Cuando la honrada esposa oyó esto, se alegró mucho y dijo a Saladino:

—Señor, ahora sé que decís la verdad y que habéis cumplido cuanto me prometisteis. Os ruego que me digáis, pues el rey siempre debe decir la verdad, si creéis que existe en el mundo alguien más justo que vos.

Saladino le contestó que, aunque le daba vergüenza reconocerlo, como tenía que decir la verdad por ser rey, creía que era el más honrado y justo, no habiendo otro mejor que él.

La honrada señora, al oír sus palabras, hincó sus rodillas en tierra y, postrada a sus pies, le dijo así, llorando amargamente:

—Señor, vos me acabáis de decir dos grandes verdades: la primera, que sois el hombre más honrado y justo del mundo; la segunda, que la vergüenza es la prenda más excelsa que puede tener el hombre. Pues, señor, a vos, que sabéis todo esto y que sois el mejor y más bondadoso del mundo, os pido que queráis para vos la mejor de las cualidades, que es la vergüenza, y que, así, os dé rubor lo que me pedís.

Al oír Saladino tales razones, comprendió cómo aquella esposa, por su bondad y su inteligencia, había sabido evitar que cometiera una grave falta, y dio gracias a Dios. Aunque el sultán la quería apasionadamente, desde aquel momento la quiso mucho más, pero con cariño leal y verdadero, como debe ser el que profese un señor virtuoso para con sus vasallos. Movido por las virtudes de aquella dama, mandó volver a su marido y les otorgó a ambos tantos honores y riquezas que todos sus descendientes vivieron muy felices.

Sucedió todo esto por la honradez de aquella señora y porque gracias a ella todos supieron que la vergüenza es la mejor cualidad del hombre y, al mismo tiempo, madre y cabeza de todas las buenas cualidades.

Pues vos, señor conde, me habéis preguntado cuál es la mejor cualidad del hombre, os respondo que es la vergüenza, pues por vergüenza el hombre es franco, esforzado y de buenas costumbres: por ella hace toda buena acción. Y tened por cierto que todas las cosas se hacen más por vergüenza que por desearlas. También por vergüenza deja el hombre de hacer todas las cosas malas que su voluntad le propone. Por ello, así como es muy bueno que el hombre sienta vergüenza si hace lo que no debe y deja de hacer lo que es debido, es muy malo y muy dañoso perderla. Debéis saber también cuánto yerra el que, habiendo hecho algo vergonzoso, no se sonroja por ello, al creer que nadie lo sabe. Estad seguro de que no hay nada que, por muy encubierto que parezca, no sea sabido tarde o temprano. Aunque, cuando haga un hombre algo vergonzoso, no sienta ningún rubor, debería pensar ese mismo hombre la vergüenza que pasará cuando se sepa. Y si de esto no siente vergüenza, deberá sentirla por él mismo, que sabe cuán vergonzosas son sus acciones. Si ni siquiera esto le preocupa, deberá pensar cuán desdichado es, pues sabe que, si un muchacho viera lo que hace, dejaría de hacerlo por vergüenza, aunque no sienta miedo ni vergüenza ante Dios, que todo lo sabe y todo lo ve, y que le dará el castigo que merezca por sus innobles acciones.

Señor conde Lucanor, ya os he respondido a la pregunta que me hicisteis, y con esta respuesta os he contestado a las cincuenta preguntas que me habéis hecho anteriormente. Tanto tiempo hemos pasado en ello que seguramente muchos de los vuestros estarán muy aburridos, sobre todo los que no sientan ningún placer en escucharme ni en aprender algo que pueda resultar provechoso para su alma o para el cuerpo. A estos les ocurre como a las bestias que van cargadas de oro, que sienten el peso que llevan encima y no sacan ningún provecho de su valor. Así, a ellos les aburre lo que oyen, sin aprovechar las enseñanzas que encierra. Por lo cual os digo que, en parte por esto y en parte también por el cansancio que me han producido las cincuenta respuestas que os he dado, no deseo que me hagáis más preguntas, pues con esta historia y con la siguiente quisiera poner fin a este libro.

Al conde le pareció esta historia muy buena. Sobre lo que Patronio dijo respecto a que no quería responder a más preguntas, contestó que buscaría algún medio para que fuera así.

Y como don Juan vio que esta historia era muy buena, la mandó escribir en este libro y compuso unos versos que dicen así:

> Obra bien por vergüenza si quieres bien cumplir,
> que es la vergüenza madre de todo buen vivir.

Ejemplo LI. Epílogo. Lo que sucedió a un rey cristiano que era muy poderoso y muy soberbio

Otra vez hablaba el conde Lucanor con su consejero Patronio, y le dijo así:

—Patronio, muchos me dicen que la humildad es una de las virtudes que más agradan a Dios; otros afaman que los humildes son menospreciados por la gente y que son considerados cobardes y pobres de espíritu, por lo cual a los grandes señores les conviene ser soberbios. Como estoy seguro de que nadie puede saber mejor que vos cómo debe ser un gran señor, os ruego que me digáis cuál de estas dos cualidades es más conveniente y qué debo hacer en este asunto.

—Señor conde Lucanor —dijo Patronio—, para que veáis qué es lo mejor y más provechoso para vos, me gustaría mucho que supierais lo que sucedió a un rey cristiano, que era muy poderoso y muy soberbio.

El conde le pidió que se lo contase.

—Señor conde —dijo Patronio—, en un país, cuyo nombre no recuerdo, vivía un rey muy joven, rico, poderoso y muy soberbio, tanto que asombraba a todos por su orgullo. A tanto llegó su soberbia que una vez, oyendo el Magníficat de la Virgen, al escuchar el versículo que dice «Deposuit potentes de sede et exaltavit humiles», que en castellano significa «Dios Nuestro Señor humilló a los poderosos y exaltó a los humildes», sintió gran pesar y mandó que en su reino se borrara ese versículo para poner en su lugar este otro: «Et exaltavit potentes in sede et humiles posuit in natus»; cuyo significado sería: «Dios exaltó a los poderosos en sus tronos y humilló a los humildes».

Nuestro Señor sintió mucho este cambio, pues con él se decía lo contrario de lo que había expresado la Virgen en ese cántico, ya que, cuando Nuestra Señora se vio madre del Hijo de Dios, al que concibió y alumbró siendo Virgen y sin menoscabo de su pureza, al verse Señora de los Cielos y de la Tierra, dijo de sí misma, alabando la humildad por encima de la demás virtudes: «Quia respexit humilitatem ancillae suae, ecce enim ex hoc benedictam me dicent omnes generationes»; es decir: «Porque Dios, mi señor, admiró en mí la humildad, me llamarán bienaventurada todas las generaciones». Y así ocurrió, en efecto, porque nunca, ni antes ni después de la Virgen, pudo ser bienaventurada ninguna mujer, pues solo ella, por sus virtudes, y sobre todo por su humildad, mereció los títulos de Madre de Dios y Reina de los Cielos y la Tierra, para ser colocada sobre los coros de los ángeles.

Mas al rey soberbio le sucedió todo lo contrario, pues un día quiso ir a los baños y se dirigió allí con toda pompa y un numeroso cortejo. Para entrar en el agua, se tuvo que desnudar y dejó su manto y túnica fuera del baño; entonces, mientras se bañaba el rey, Dios envió un ángel a los baños que, por voluntad y deseo del Señor, tomó la forma del rey, se vistió con sus ropas y se hizo acompañar por todos los cortesanos camino del alcázar. A la puerta de la casa de baños quedaron unas ropas muy humildes y viejas, como las que llevan los mendigos que van de casa en casa.

El rey, que aún seguía bañándose, no sabía nada de lo que había pasado. Cuando deseó salir del agua, llamó a sus camareros y cortesanos, ninguno de los cuales le respondió, puesto que todos se habían marchado ya, creyendo que acompañaban al rey. Al ver que nadie le contestaba, el rey se enfadó mucho y juró que castigaría a todos con horribles tormentos. Y sintiéndose humillado, salió del baño desnudo, pensando que alguno de sus camareros le daría con qué vestirse. Llegó al lugar donde debían de estar sus acompañantes, pero no encontró a ninguno y se volvió a la sala de baños, buscándolos por todas partes, sin encontrar absolutamente a nadie.

Estando así muy preocupado y sin saber qué podía hacer, vio aquellas ropas tan pobres y viejas, que estaban tiradas en un rincón; pensó ponérselas y marchar en secreto a palacio, para tomar venganza muy cruel de quienes lo habían escarnecido y humillado. Vestido con aquellas ropas, sin que nadie lo reconociera, se dirigió al alcázar, cuya puerta estaba vigilada por un guardián a quien el rey conocía bien y que era, además, uno de los que lo habían acompañado hacía un rato a los baños; cuando se acercó a él, le dijo en voz muy baja que le abriese la puerta y lo llevara en secreto a sus habitaciones, para que nadie lo viera con tan pobres vestiduras.

El guardián, que estaba armado con espada y maza, le preguntó quién era pues demostraba tanta osadía. El rey le contestó:

—¡Ah, traidor! ¿No te basta la burla que me habéis hecho al dejarme solo y desnudo en el baño y obligarme a volver con estos andrajos? ¿Acaso no eres fulano y no sabes que soy vuestro rey, vuestro señor, al que habéis abandonado en la casa de baños? Abre ya la puerta, antes de que venga alguien que me reconozca, pues, si no lo haces, da por seguro que te torturaré antes de que te maten.

Pero le contestó el guardián:

—¡Loco, villano! ¿Qué amenazas son esas? Sigue tu camino y no digas más locuras, pues de lo contrario te daré un escarmiento, porque el rey ya hace tiempo que volvió de los baños, y todos lo acompañamos; además, ha comido y ahora está reposando, así que no alborotes, pues podrías despertarlo.

Cuando el rey lo oyó decir esto, pensó que era por seguir la burla y, lleno de rabia y de vergüenza, lo atacó, queriendo arrancarle los cabellos. El guardia repelió el ataque, pero no lo quiso herir con la maza, aunque le dio un gran golpe con el mango, por lo cual el rey empezó a sangrar por muchas partes de la cabeza. El rey, al sentirse herido y ver que el guardián tenía espada y maza, mientras que él no tenía armas ni para atacar ni para defenderse, y creyendo que el soldado estaba loco, por lo que podría matarlo si seguía insistiendo, decidió irse a casa de su mayordomo y ocultarse allí hasta que curase de sus heridas. Pensó que, una vez repuesto, tomaría venganza de quienes lo habían humillado y escarnecido.

Al llegar a casa de su mayordomo, tuvo peor suerte que con el guardián de palacio, por lo que también decidió alejarse rápidamente.

Se dirigió entonces, de la forma más secreta, a casa de su esposa, la reina, creyendo que todas aquellas desgracias le habían sobrevenido porque sus vasallos no lo reconocían, cosa que sin duda no podría ocurrirle con la reina, su esposa. Cuando le hubo contado que él era el rey y que había sido golpeado por los guardias, la reina pensó que, si el verdadero rey, al que ella creía en su casa, llegara a saber que había prestado atención a sus palabras, se enfadaría muchísimo, por lo cual mandó que golpeasen a aquel loco y que lo echaran de su casa, por demostrar tan gran atrevimiento ante ella.

El pobre rey, cuando se vio tan mal parado, no supo qué hacer y se fue a un hospital, donde estuvo muchos días para curar sus heridas. Cuando sentía hambre, se ponía a pedir de casa en casa; las gentes se burlaban y mofaban de él, diciéndole que cómo, siendo el rey de aquellas tierras, era tan pobre. Como todos se lo decían y tantas veces se lo repitieron, él llegó a creer que estaba loco y que su locura lo había llevado a creerse rey. De esta manera vivió mucho tiempo pensando todos que padecía una locura muy frecuente, que consiste en creer que uno es distinto de lo que parece o que vive en estado de mayor dignidad.

Estando el rey en tan triste estado, Dios, que siempre quiere el arrepentimiento de los pecadores y, por ello, les busca un camino para su salvación, del que solo se apartan por su propia culpa, hizo que aquel desdichado, que tan pobre y humillado se veía a causa de su soberbia, comenzara a pensar que todas sus desgracias eran castigo de sus pecados, sobre todo de su orgullo, que lo había llevado a cambiar el versículo del cántico de la Virgen. Cuando el rey comprendió esto, empezó a sentir en su corazón tanto arrepentimiento y tan gran pesar que no se podría decir con palabras; de tal modo que más le pesaba haber ofendido a Nuestro Señor que la pérdida de su reino y, aunque veía su cuerpo lacerado y humillado, no hacía otra cosa sino llorar y pedir perdón a Dios por sus pecados y gracia para su alma. Tal era su dolor que nunca se le ocurrió pedirle a Dios que le devolviera su trono o su dignidad, pues todo eso él lo tenía en muy poca cosa y solo deseaba el perdón de sus pecados y la salvación de su alma.

Creed, señor conde, que, de cuantos hacen peregrinaciones, dan limosnas, o ayunan, o elevan plegarias, o hacen buenas obras para que Dios les dé, les guarde o les acreciente la salud corporal, su honra o su riqueza, yo no digo que hagan mal. Sí os digo, sin embargo, que, si todas estas buenas acciones solo las hicieran para conseguir el perdón de sus pecados y la gracia de Dios, que se alcanzan por las buenas obras, hechas con recta intención y sin hipocresía, les iría mucho mejor, pues sin duda alcanzarían el perdón y la gracia de Dios, que solo quiere del pecador que se arrepienta y viva en la humildad y en la verdadera contrición de sus culpas.

Por ello, cuando el rey se arrepintió, fue perdonado por la misericordia de Dios, quien, en su infinita bondad, no solo le otorgó el perdón sino que también le devolvió su reino y su estado cumplidamente. Y ocurrió de este modo:

El ángel, que ocupaba su lugar y tenía la forma del rey, llamó a un guardia y le dijo:

—Me han contado que anda por ahí un loco que dice ser rey de estas tierras y otras locuras parecidas ¿Qué tipo de persona es y qué cosas dice?

Dio la casualidad de que el guardia era el que había golpeado al rey el mismo día que salió desnudo del baño. Como el ángel, a quien todos tenían por rey, le pidió que le contara todo lo referido a aquel loco, el guardia le comentó cómo todas las gentes se burlaban y mofaban de él, al oír los desatinos que decía. El rey, después de escucharlo, le ordenó que lo fuese a buscar y lo trajera a palacio. Cuando el rey, a quien todos tenían por loco, hubo llegado a presencia del ángel, que estaba ocupando el lugar del rey, se fueron a un sitio apartado y le dijo el ángel:

—Amigo, me han contado que vais por ahí diciendo que sois rey de esta tierra y que habéis perdido el reino por no sé qué desgracia o desventura. Os ruego, por la fe que debéis a Dios, que me contéis cómo es todo esto, sin encubrirme nada, pues yo os prometo que nada os sucederá.

Cuando el desdichado rey, que vivía como un loco y era tan desventurado, le oyó decir aquello a quien tenía por rey, no supo qué responderle, pues de una parte pensó que se lo preguntaba por sonsacarlo y, si decía que era el rey, le mandaría matar. Por ello empezó a llorar muy amargamente y le contestó, como persona que estaba muy preocupada:

—Señor, no sé cómo responderos a lo que me decís, pero como la vida que llevo y la muerte me dan igual y Dios sabe que ya no espero ni honores ni riquezas, no voy a ocultaros nada de lo que realmente siento. Os digo, señor, que yo estoy loco y que todos me tienen por tal, tratándome como a un loco desde hace mucho tiempo. Y aunque alguno podría estar equivocado, si yo no estuviera loco, no podrían equivocarse todas las personas, buenas y malas, ricas y pobres, listas y necias; pero, aunque yo veo todo esto y lo comprendo, creo sinceramente que fui rey de esta tierra y que perdí el reino y la gracia de Dios por mis pecados, sobre todo por mi orgullo y soberbia.

Entonces le contó el rey con mucha pena y con muchas lágrimas lo que le había pasado, el cambio que había hecho en las palabras del cántico de la Virgen, y también todos sus pecados. Cuando el ángel, a quien Dios había mandado para tomar su figura y pasar por rey ante todos, comprendió que sentía más pena por los pecados que había cometido que por la pérdida del trono, le contestó por mandato de Dios:

—Amigo, os digo que en todo decís la verdad, pues habéis sido rey de esta tierra, pero Dios Nuestro Señor os quitó el reino por las mismas razones que decís, y me envió a mí, que soy uno de sus ángeles, para que tomara vuestra figura y estuviera en vuestro lugar. La misericordia del Señor, que es infinita y solo busca que el pecador se arrepienta y viva, ha mostrado con este milagro las dos condiciones necesarias para que el arrepentimiento sea verdadero: que exista un auténtico deseo de no volver a pecar y que el arrepentimiento sea sincero. Como Dios ha visto que en vos se dan estas condiciones, os ha perdonado y me ha mandado a mí que os devuelva vuestra figura y os reponga en vuestro trono. Os ruego y os aconsejo que os guardéis, sobre todo, del pecado de la soberbia, pues este es el que más aborrece Dios nuestro Señor, ya que va contra su poder y majestad y hace que los hombres pierdan su alma. Estad seguro de que nunca se ha visto nación, familia, clase ni persona que fuese esclava de la soberbia y que no haya sido abatida o castigada.

Cuando el rey, a quien todos tomaban por un loco, oyó decir estas palabras al ángel, se postró ante él, llorando muy amargamente y, creyendo todo lo que decía, lo veneró como mensajero de Dios, pidiéndole que no se fuese hasta que todos estuviesen reunidos y se hiciera público este milagro que Dios había obrado en él. Así lo hizo el ángel. Cuando todos estaban juntos, habló el rey y les contó todo lo que le había pasado. Luego habló el ángel, que confirmó el relato del rey y se mostró como ángel a los ojos de todos.

Entonces el rey hizo numerosas y frecuentes penitencias y, entre otras cosas, mandó que en todo su reino, para desagraviar a la Virgen, escribieran con letra de oro el versículo del Magníficat, cosa que todavía hoy siguen haciendo, según he oído decir. Terminada su misión, volvió el ángel a los cielos y se quedó el rey con sus gentes muy alegres y muy felices. En los años que luego vivió, el rey sirvió muy bien a Dios y a su pueblo, realizando buenas e importantes obras para sus vasallos, por las que alcanzó la fama en este mundo y la vida eterna en el otro, que todos deseamos conseguir por merced de Dios.

Vos, señor conde Lucanor, si queréis lograr la gracia de Dios y la buena fama en este mundo, haced buenas obras, que estén bien hechas, sin doblez ni hipocresía, y de todos los males del mundo guardaos, sobre todo de la soberbia, y sed humilde sin falsa piedad ni simulaciones. Tened presente la humildad, pero guardando siempre el decoro propio de vuestro estado, de forma que seáis humilde, pero no humillado ni vejado por nadie. Los poderosos y soberbios no podrán encontrar en vos humildad vergonzante ni apocamiento, y los que sean humildes ante vos siempre deberán encontraron lleno de humildad y de buenas obras.

Al conde le gustó mucho este consejo y pidió a Dios que le diera fuerzas para seguirlo y ponerlo en práctica.

Y como a don Juan le agradó mucho esta historia, la mandó escribir en este libro e hizo estos versos que dicen así:

A los justos y humildes, Dios los ensalza:
a quienes son soberbios, Él los rechaza.

Libros a la carta

A la carta es un servicio especializado para
empresas,
librerías,
bibliotecas,
editoriales
y centros de enseñanza;
y permite confeccionar libros que, por su formato y concepción, sirven a los propósitos más específicos de estas instituciones.

Las empresas nos encargan ediciones personalizadas para marketing editorial o para regalos institucionales. Y los interesados solicitan, a título personal, ediciones antiguas, o no disponibles en el mercado; y las acompañan con notas y comentarios críticos.

Las ediciones tienen como apoyo un libro de estilo con todo tipo de referencias sobre los criterios de tratamiento tipográfico aplicados a nuestros libros que puede ser consultado en Linkgua-ediciones.com.

Linkgua edita por encargo diferentes versiones de una misma obra con distintos tratamientos ortotipográficos (actualizaciones de carácter divulgativo de un clásico, o versiones estrictamente fieles a la edición original de referencia).

Este servicio de ediciones a la carta le permitirá, si usted se dedica a la enseñanza, tener una forma de hacer pública su interpretación de un texto y, sobre una versión digitalizada «base», usted podrá introducir interpretaciones del texto fuente. Es un tópico que los profesores denuncien en clase los desmanes de una edición, o vayan comentando errores de interpretación de un texto y esta es una solución útil a esa necesidad del mundo académico.

Asimismo publicamos de manera sistemática, en un mismo catálogo, tesis doctorales y actas de congresos académicos, que son distribuidas a través de nuestra Web.

El servicio de «Libros a la carta» funciona de dos formas.

1. Tenemos un fondo de libros digitalizados que usted puede personalizar en tiradas de al menos cinco ejemplares. Estas personalizaciones pueden ser de todo tipo: añadir notas de clase para uso de un grupo de estudiantes, introducir logos corporativos para uso con fines de marketing empresarial, etc. etc.

2. Buscamos libros descatalogados de otras editoriales y los reeditamos en tiradas cortas a petición de un cliente.

www.ingramcontent.com/pod-product-compliance
Lightning Source LLC
Chambersburg PA
CBHW060805310726
48980CB00002B/243
* 9 7 8 8 4 9 9 5 3 8 4 6 4 *